Gehanneß vumm Lipßbaerje

AF222141

Firrlefannz un Kinkerliddzjn

**Unsere Mundart
gehört zu den Wurzeln
unserer Identifikation
als Eichsfelder
und ist daher auch
ein Bekenntnis
zur Heimat.**

Firrlefannz un Kinkerliddzjn

Ziirt uchch nitt, Plaad z schtorjen.
D Muuloort äßß kenn Unsinn,
brännget abber Fraide.

Impressum

Gehanneß vumm Lipßbaerje, Firrlefannz un Kinkerliddzjn
Idee, Autorenschaft, Layout und Umschlag: Hans-Gerd Adler, Heilbad
Heiligenstadt. (Umschlagabbildung: Eule und Frosch sind hergestellt
von Hubert Jahn, Heilbad Heiligenstadt)

Bibliografische Information der Deutschen Nationalbibliothek:
Die Deutsche Nationalbibliothek verzeichnet diese Publikation
in der Deutschen Nationalbibliografie; detaillierte bibliografische
Daten sind im Internet über http://dnb.dnb.de abrufbar.

Verlag:
BoD • Books on Demand GmbH, In de Tarpen 42,
22848 Norderstedt
Druck:
Libri Plureos GmbH, Friedensallee 273,
22763 Hamburg
ISBN: 978-3-8391-0561-0

Inhaltsverzeichnis

Vorwort

Angeregt durch den Mundartabend anlässlich des Jubiläums *1050 Jahre Heiligenstadt* am 30. Mai 2023 kann ich nicht umhin, mich der Arbeit an einem weiteren Buch in Mundart zu widmen. Die Beiträge aus verschiedenen Orten des Ober-eichsfeldes hatten die Akteure selbst und auch die zahlreichen Besucher hellauf begeistert. Noch Wochen später wurde davon gesprochen. Eine solche Begeisterung für unsere Eichsfelder Mundart wünsche ich mir auch für diejenigen, die an jenem Abend nicht dabei waren, jetzt aber zu diesem Buch gegriffen haben. Es ist nicht nur die Freude an einer gelungenen Veranstaltung, die mich zu diesem Buch inspirierte, sondern vielmehr meine zunehmende Sorge um den Erhalt unserer Mundart.

Der Pflege unserer Eichsfelder Mundart fühle ich mich seit vielen Jahren verpflichtet. Die Erfahrung, dass das Interesse daran in unserer Region mehr und mehr schwindet, bewegt mich immer wieder. Mir ist bewusst, dass ich diesen Trend nicht aufhalten kann. Dass die Mundart ihren Weg in die sozialen Medien findet, ist wohl eher eine Illusion. Also wird in naher Zukunft kaum noch jemand im alltäglichen Umgang unsere Mundart zu hören bekommen. Damit reißt die unbedingt erforderliche akustische Weitergabe der mundartlichen Aussprache an die nächste Generation ab. Die spärlichen Ambitionen in Heimatvereinen zur Pflege der Mundart sowie die weit verbreitete Auffassung, sie sei eine reaktionäre, ungebildete und nicht mehr zeitgemäße Konversationsform, haben ihr in der Vergangenheit über viele Jahre hinweg gewissermaßen das Grab geschaufelt. Die Identifizierung als Eichsfelder über die mundartliche Alltagssprache ist, gegenüber anderen Regionen wie Bayern,

Norddeutschland und Sachsen, nicht mehr wahrnehmbar. Daher habe ich einen Buchtitel gewählt, der eine besondere Aufmerksamkeit wecken soll. Keineswegs soll er auf eine Fülle von Beiträgen über wertlosen Kram, Albernheiten, Torheiten, Kindereien und Unsinnigkeiten im alltäglichen Leben verweisen. Vielmehr soll er die gefühlte Einstellung der Eichsfelder zu ihrer Mundart provokativ als wertlose Umgangssprache, als Unsinn zum Ausdruck bringen. Die noch an ihrer Muttersprache hängenden Eichsfelder empfinden eine solche Äußerung vielleicht als unerhört. Jedoch möchte ich sie keinesfalls davon abbringen, ihre liebgewonnene und althergebrachte Konversation zu vernachlässigen. Im Gegenteil, ich möchte sie ermutigen, ohne jegliche Einschränkung an ihrer Mundart festzuhalten. Vor allem in den Familien, aber darüber hinaus auch in der dörflichen Gemeinschaft sollte sie gepflegt werden, solange es Eichsfelder gibt, die unseren Dialekt noch beherrschen. Dies ist der beste Weg zur Weitergabe einer Aussprache, in der unsere nächsten Vorfahren sich noch verständigt haben.

Meinen Weg zur Konservierung der Aussprache unserer Mundart habe ich in meinen Veröffentlichungen, vor allem im Wörterbuch, deutlich beschrieben. Er ist nicht mehr aber auch nicht weniger als eine bescheidene Hilfe zur Bewahrung eines unschätzbaren immateriellen Kulturgutes. Ob mein erneuter Appell dazu führt, Mut zu fassen, in Eichsfelder Mundart zu reden und vor allem zu schreiben, das muss sich erst noch zeigen. Gerade in der Verschriftung der Mundart liegt die größte Schwierigkeit, da es darauf ankommt, den ortstypischen Akzent abzubilden. Daher erscheint mir eine analytische Sicht auf diesen Tatbestand unbedingt erforderlich zu sein.

Heiligenstadt, im Juli 2023

Die Schwierigkeit, in Mundart zu schreiben

Die Werke der deutschen Literatur geben ein sichtbares Zeugnis unserer Sprachentwicklung über viele Jahrhunderte. Bevor es verbindliche Regeln für Orthographie und Grammatik gab, hat man so geschrieben, wie man es für richtig hielt oder gesagt bekam. Weitgehend waren dabei die regionalen Dialekte das Fundament der Ausdrucks- bzw. Schriftweise. Diese Handhabung bürgerte sich im Laufe der Zeit ein, ohne jedoch die Akzente im Schriftbild exakt zu berücksichtigen. Vielmehr schlugen diese sich phonetisch in den Lauten des Wortbildes nieder, ohne dass es für kurze oder gedehnte, helle oder dunkle Aussprache jeweils eigene Laute gab oder eine zusätzliche Setzung von Sonderzeichen dies deutlich machte. Durch die mündliche Überlieferung ist somit die Differenz von Aussprache zum Schriftbild erhalten geblieben. So weiß jeder, dass z. B. das *a* in *lang* kurz, in *tragen* aber stärker betont wird, oder dass *n* in *an* und *von* genauso (scheinbar mit zwei *n* hintereinander) ausgesprochen wird wie in *kann*. Abgesehen vom Dehnungs-*h* und -*e* oder einem Doppelkonsonant, die einem Vokal folgen und damit die Phonetik beeinflussen, ist meine Darlegung hier nur eine punktuelle Sicht. Sie soll aber deutlich machen, wie schwierig es ist, das gesprochene Wort entsprechend seinem Klang abzubilden. Wer sich diesbezüglich den Duden und auch mein Wörterbuch anschaut, wird feststellen, dass es nicht immer gelungen ist. Meine Darlegungen entsprechen den eigenen Erfahrungen, nicht aber einem sprachwissenschaftlichen Studium. Frühe wissenschaftliche Darlegungen zur Herausbildung unserer Mundart sind nachzulesen bei Jäger (1925), Hentrich (1934) und Michaelsen (1949).

Was die Überlieferung des Sprachklanges unserer Mundart betrifft, so gerät die mündliche Weitergabe mehr und mehr ins Abseits. Tonaufnahmen sind nicht bekannt oder es gibt sie nur in wenigen Fällen als private Aufnahmen u. a. anlässlich familiärer Ereignisse. Anders als z. B. in Bayern oder in Norddeutschland ist das Potenzial zur Pflege der Mundart im Obereichfeld sehr stark eingeschränkt und weiterhin rückläufig. Um zu verhindern, dass unsere Mundart völlig ausstirbt und die Sprachmelodie der nächsten Generation nicht überliefert werden kann, gibt es nur die Möglichkeit, sie lautgerecht zu verschriften. In der Mundart des Untereichsfeldes scheint dies besser gelungen als in der des Obereichsfeldes. Meine Hypothese ist, dass die Untereichsfelder in ihren ersten Schriftwerken mutiger waren, sich grundlegend nach der Aussprache zu richten. Sie vermieden möglichst eine orthographische Anpassung an Hochdeutsch. Hinzu kommt, dass das Niedereichsfeldische aus dem Niederdeutschen hervorging und damit auch seine Prägung aus diesem Sprachraum erhalten hat. Dagegen ist die unseres Mitteleichsfeldischen im Hochdeutschen zu finden. Diese Handhabung hat sich als Tradition in der Schreibweise durchgesetzt. Wiederholt ergeht mein Appell an alle unsere Mundart beherrschenden Landsleute im Obereichsfeld: Seid mutig und schreibt auf, was Ihr Euren Nachkommen gern in Eurer **Muttersprache** sagen möchtet! Dabei kommt es auch darauf an, dass moderne Begriffe, im Slang der Mundart ausgesprochen, ebenfalls so geschrieben werden.

Mit einer kurzen Analyse der Schreibweise verschiedener Autoren der Mundart im Obereichsfeld möchte ich die Schwierigkeit, in Mundart zu schreiben, deutlich machen. Dabei geht es nicht um Kritik oder Bewertung, sondern um

Anerkennung des Mutes, den die Autoren aufbrachten, die Eichsfelder Mundart als einheimische Literatur für den interessierten Leserkreis zugänglich zu machen. Die Bedingungen für eine exakt gleichbleibende Orthographie bei der Abfassung der Texte, entsprechend dem jeweiligen Akzent, waren für alle Autoren, aber auch für die Druckereien eine Herausforderung. Es gab weder Nachschlagewerke (Mundartduden) noch Computer, die für die Autoren eine Hilfe hätten sein können. Besonders mittels Computertechnik kann heutzutage eine Standardisierung[1] der Schreibweise angegangen werden. Das Mühen um die jeweilig typische Wiedergabe der sprachgerechten Akzente unter Beachtung der hochdeutschen Orthographie wird bei allen Autoren deutlich. Sie ist besonders bei Karl Leineweber zu erkennen. Da er seine Werke in größeren Zeitabständen verfasste, hat er u. a. gleichlautende Begriffe unterschiedlich geschrieben[2]. All das blieb den Lesern weithin verborgen, spielte letztlich aber auch keine Rolle. Was aber alle mehr oder weniger bekannte mundartlichen Werke betrifft, so muss man feststellen, dass sie ausnahmslos bei der Leserschaft dem sprichwörtlichen Frohmut der Eichsfelder Raum verschaffen.

---

[1] v. Lipßbaerje, 2021:58.
[2] v. Lipßbaerje, 2018:39.

Autoren der Eichsfelder Mundart

In meine Untersuchung habe ich nur Autoren einbezogen, deren Texte (Veröffentlichungen, Kopien) sich in meiner Sammlung befinden.

Es handelt sich hauptsächlich um Autoren des Mitteleichsfeldes, deren Werke in Mundart einen größeren Anteil in der Veröffentlichung erreichten. Im Falle von Adam, Heinrich und Joseph Richwien sind es Autoren des Höheneichsfeldes. Bei der chronologischen Anordnung der Autoren gehe ich von deren Geburtsjahr bzw. vom Jahr der Veröffentlichung ihres ersten Werkes aus. Julius Ottokar Rümpler zählt zwar nicht zu den Eichsfelder Autoren, aber er hat bereits 1880 vorgegebene Sätze in Mundart übertragen. Die Beibehaltung vieler Begriffe auf Hochdeutsch in den Schnurren, Anekdoten und Geschichten ist bei allen Autoren differenzierend festzustellen. Es gab scheinbar kein schriftliches Vorbild. Vielmehr waren es meistens Lehrer oder Personen, die in der Öffentlichkeit als Redner tätig waren und eine völlige Loslösung ihrer Schreibweise vom Hochdeutschen nicht vollziehen konnten. Sie passten sich vielfach an die Orthographie des Hochdeutschen an und übernahmen damit auch deren Phonetik. So ist z. B. die Orthographie der Anlaute *st* und *sp* (steht und sprach) korrekt Hochdeutsch geschrieben, phonetisch aber als *scht* und *schp* (schteht und schprach) zu hören. Mundartlich in Lautschrift entfällt dieser Zwiespalt, da die Orthographie der Phonetik angepasst ist (*schtett un schprooch*). Charakteristisch bei allen Autoren ist auch die orthographisch exakte Wiedergabe der Endung *en*. Phonetisch spielt das *e* in der Endsilbe in der Mundart jedoch keine Rolle.

In der Darstellung der Schreibweise habe ich mich auf die mir am auffälligsten vorkommenden Erscheinungsformen beschränkt. Dabei ging es mir nicht um den Vergleich gleicher oder unterschiedlicher Schreibweise eines bestimmten Begriffes. Vielmehr sollen die wenigen, aber unterschiedlichen Beispiele meinen Bruch zwischen Mundart und Hochdeutsch, den ich mit meinem Wörterbuch vollzogen habe, im Nachhinein noch einmal verdeutlichen. Vielleicht machen sie dem einen oder anderen Autoren Mut, meinem Beispiel zu folgen. Denn das Ziel, die Mundart in ihren lokalen Akzenten für die Zukunft zu konservieren, sollte nicht aus den Augen geraten.

Julius Ottokar Rümpler, Alterstedt (1823–1911)

Julius Ottokar Rümpler entstammt einer weithin bekannten Familie. Sein Vater, Carl Rümpler (1796–1860), war ein hochgeachteter Lehrer und Literat, sein Bruder, Karl Theodor (1817–1891), war ebenfalls Lehrer und ein bekannter Botaniker seiner Zeit. Julius war (wahrscheinlich ab 1848) Lehrer in Heiligenstadt und transkribierte 1880 die von Georg Wenker[3] herausgegebenen Sätze (Wenkersätze) in Eichsfelder Mundart. Er lebte bis zu seinem Tode in Heiligenstadt. Sein Verdienst liegt in dieser ersten schriftlichen Formulierung unserer Mundart. Da er kein Eichsfelder war, hat er mit Hilfe Einheimischer die Sätze in Mundart übertragen können. Damit erfuhr unsere Mundart ein erstes wissenschaftliches Interesse durch die Universität in Marburg.[4]

Wenkerbogen 24983 (1880)

---

[3] Begründer des Forschungszentrums Deutscher Sprachatlas an der Universität Marburg, 1852–1911.

[4] v. Lipßbaerje, 2018: 25–29.

Martin Weinrich, Uder (1865–1925)

Der Lehrer Martin Weinrich gilt als Vater der Mundartdichtung. Sein Grabmal auf dem alten Friedhof in Heiligenstadt ist als Denkmal erhalten. Findet man in der Aufzeichnung von Rümpler eine ganze Reihe in Hochdeutsch geschriebener Worte, so ist die Bemühung Weinrichs, in seinen Werken den Eichsfelder Dialekt gemäß der Aussprache abzubilden, erstmalig und deutlich zu erkennen. So ist in seinen Büchern die im Eichsfeld typische Aussprache des *t* als *d* am Wortanfang (u. a. *dott* = tat; *dichtig* = tüchtig; *Dreppchen* = Tröpfchen) zu finden. Auch die Vorsilbe *ver* ist mitunter der Aussprache angepasst (u. a. *värfeert* = erschrocken, *värzohlt* = erzählt, *värwaesselt* = verwechselt). Dopplungen von Konsonanten sind häufig zu finden (u. a. *Faedder* = Feder, *känn* = kein, *sigg* = sei). Er hat zudem auch Bemerkungen zur Aussprache angegeben und in den Worterklärungen viele mundartliche Begriffe ins Hochdeutsche übertragen. Der starke Einfluss der hochdeutschen Orthographie ist aber dennoch festzustellen.

> Därre Hozel un driege Quitschen (1922)
> Wänn's mant wohr äs? (1924)
> Korn un Sprie, Spaß muß si (1928)

Franz Rindermann, Mengelrode (1868–1929)
Pseudonym: *Franz vom Dün*

Als Lehrer und Heimatforscher war Franz Rindermann der Mundart sehr zugetan. Dass es nicht einfach ist, der realen Aussprache auch schriftlich zu folgen, wird bei Rindermann deutlich. So ist (wie auch bei anderen Autoren) u. a. in seinen mitteleichsfeldischen Versen die Lautfolge *a(e)* für das helle *a* und *nach* für noch, sowie *Schuller* für Lehrer zu finden. Im letzten Fall ist davon auszugehen, dass das *e* gedehnt (*Schullehr/*

16

Schulleer) gesprochen wurde, das *h* bzw. *e* jedoch nicht geschrieben wurde. Beispiele der verschiedenen Schreibweisen finden sich u. a. für: erst = *eest, äst*, Leute = *Lidde, Lite*, einer = *enner, änner*, er = *er ar, är, ha*, alten = *olen, ohlen, oolen*. Gerade in den Anfängen der literarischen Wiedergabe der Mundart haben die bereits oben erwähnten Ursachen einen großen Anteil.

Eichsfelder Schnurren (1924)

Franz Joseph Kaufmann, Kreuzebra (1886–1965)

Auch bei Franz Joseph Kaufmann ist eine deutliche Annäherung an den Sprachklang festzustellen. So hat er vor allem mit *e(i)* und *a(o)* die Aussprache der betreffenden Worte beeinflusst. Dazu Beispiele: die = *de(i)*; gleich = *gle(i)ch*; Gretchen = *Gre(i)tchen*; so = *sa(o)*; haben = *ha(o)*; Faden = *Fa(o)den*. Sein Respekt vor der hochdeutschen Orthographie ist jedoch deutlich zu erkennen. Als Pfarrer und Literat war Kaufmann eine weithin bekannte Persönlichkeit und als Redner sehr gefragt. Es kann aber auch nicht ausgeschlossen werden, dass bei den Schriftsetzern in den Druckereien in besonders unklaren Fällen die Anpassung an die Umgangssprache nicht völlig außer Acht geblieben sein dürfte. Das betrifft sowohl die Mundart selbst wie auch vorgenommene Formulierungen nach dem Hochdeutschen. So findet sich bei Kaufmann das Wort *Löffel*, welches sicherlich nicht der üblichen Aussprache als *Leffel* entspricht, oder *Hangkorb* (Handkorb) inmitten in Hochdeutsch formulierter Zeilen. Für die Leser spielten solche Faktoren aber keine Rolle, da ausnahmslos alle in der Lage waren, den zu lesenden Text in ihre gesprochene Mundart zu transkribieren. Kaufmann starb 1965 in Saarbrücken.

Minne Medezinflaschen (1925)

Jakob Löffelholz, Heuthen (1874–1959)
Pseudonym: Jakob us'm Schtennerhuse

Jakob Löffelholz, in Heuthen geboren, lebte in Essen, wo er als Stadtbaumeister tätig war. Die Veröffentlichung seiner Verse in Mundart war in zwei Bänden geplant. Aufgrund der Bombenangriffe auf Essen im 2. Weltkrieg hat er im April 1943 sein Gesamtmanuskript zwecks Sicherung und späterer Veröffentlichung an den Verlag Cordier in Heiligenstadt übersandt. Im Mai 2024 stellte mir der Verlag dankenswerter Weise das Manuskript für meine Analyse zur Verfügung. Ich war überrascht, ein Werk zu sehen, das in hohem Maße den in Heuthen gesprochenen Dialekt wiederspiegelt. Erstmals fand ich ein Schriftbild, in dem die Lautfolge sp und st ihrer Aussprache gerecht geschrieben steht (u. a. schpeele = spielen; schtorgen = unterhalten; schtunn = stand). Zudem hat Löffelholz das h zur Dehnung der Vokale eingesetzt (u. a. fuhl = faul; läht = liegt; Muhs = Maus). Aber auch den Doppelvokal gibt es geschrieben (u. a. Hoore = Haare; veele = viele; veer = vier). Doppelkonsonanten sind ebenso häufig (u. a. libber = lieber; kregg = bekam; *rotte* = riet). Außerdem hat Löffelholz in einer Dialektwörtererklärung ca. 500 Mundartbegriffe ins Hochdeutsche übersetzt.

Lachbollchen (1943)

Adam Richwien, Lengenfeld/Stein (1889–1928)
Adam Richwien galt als begabter Heimatdichter, der schon im jugendlichen Alter seine Werke zur Veröffentlichung brachte. Leider war er durch gesundheitliche Probleme sehr stark belastet, was ihn zwang, seine Tätigkeiten in verschiedenen Branchen immer wieder abzubrechen. Er starb mit nur

39 Jahren. Zu seiner Verwandtschaft gehören u. a. sein Neffe Heinrich Richwien, Ziegelbrenner (1897–1967) und Joseph Richwien, Kirchenmaler (1912–1992), die ebenfalls Verse in Lengenfelder Mundart verfasst haben. Festzustellen ist, dass in den Versen aller drei Autoren kaum orthographische Abweichungen bestehen. Der sehr sparsame Umgang mit Schriftbildern in Hochdeutsch ist ebenfalls bemerkenswert. Auszüge aus Manuskripten und dem *Lengenfelder Echo* wurden später durch Helmut Godehardt veröffentlicht.

> Eichsfelder Schnurren (1980)
> Do schmunzelt d'r Eichsfaelder (1982)

Heinrich Artmann, Breitenholz (1900–1978)
Pseudonym: *Hartholz*

Die Schnurren und Anekdoten von Heinrich Artmann erschienen bereits 1958/59 in den *Eichsfelder Heimatstimmen*. Helmut Godehardt brachte diese später in den beiden unten aufgeführten Sonderausgaben des Pädagogischen Kreiskabinetts Worbis. Auffällig sind bei Artmann Wortverknüpfungen (Syntagmen) u. a. von Hilfsverben und Personalpronomen. Dazu Beispiele: *wumme* – wollen wir; *waemme* – wenn wir; *hannse* – haben sie oder sogar *hästan* – hast du denn. Ferner schreibt er vielfach das helle *a* als Doppellaut *ae* (*aen* – ein; *zaehn* – zehn; *daer* – der) und benutzt das *h* für die Dehnung (*ahn* – an; *ohlen* – alten; *drahne* – drann). Die Begriffe doch und noch findet man oft als *dach* und *nach* geschrieben, auch in Wortverbindungen wie *nachmol* - nochmal.

> Eichsfelder Schnurren (1980)
> Do schmunzelt d'r Eichsfaelder (1982)

Karl Leineweber, Steinbach (1911–1997)

Neben Martin Weinrich ist Karl Leineweber einer der bekanntesten Autoren der Eichsfelder Mundart. In Steinbach geboren, lebte er als Kaufmann und Immobilien-Makler von 1935 bis zu seinem Tode in Kassel. Leineweber ist es gelungen, zwischen Platt und Hochdeutsch eine Brücke zu schlagen. Damit finden Unkundige der Mundart wohl Zugang zu dieser, können jedoch den typischen Sprachklang nicht vollkommen nachvollziehen. Ältere, nicht mehr gebräuchliche Begriffe werden für Einheimische wieder in Erinnerung gebracht und erhalten durch ihre Einbindung in den Text eine unmittelbare Erklärung (u. a. *allehope* = allemiteinander, *krouwachen* = im Halbschlaf liegen, *verdeffendeeren* = verteidigen). Das in der Aussprache meist verschluckte *e* in den Endungen *el, en* und *er* wird, wie bei Weinrich, auch bei Leineweber immer geschrieben oder aber durch den Apostroph (') ergänzt. Unterschiedliche Schreibweisen gleicher Worte sind bei Leineweber oft zu finden. Die Gründe dafür habe ich bereits bei Kaufmann (siehe oben) sowie in *Soolzschtangn* (S. 39) dargelegt. Auch Leineweber hat in seinem ersten Werk *De Mustkrick'n* unter *Worterklärungen* eine ganze Reihe Begriffe ins Hochdeutsche übertragen.

De Mustkrick'n (1948)
Faellgieker vum Eichsfaelle (1986)
Wullme mohl en Muhl vull storjen (1988)
Daheime uff m Eichsfaelle (1992)

20

Alfred Beykirch, Witzenhausen (1919–1987)

Alfred Beykirch[5], in Witzenhausen geboren, ist also kein gebürtiger Eichsfelder. Dass dennoch Verse von ihm in Eichsfelder Mundart erschienen sind, hat seine Ursache. Der Liebe folgend lebte er bis zu seinem Tode in Niederorschel. Beykirch war in der Gemeindeverwaltung als Finanzfachmann tätig und verfasste zahlreiche Gedichte und Anekdoten in Hochdeutsch. Dank der Mithilfe seiner Frau Maria transkribierte er viele davon in den Dialekt, der in Niederorschel gesprochen wird. So konnten u. a. in den *Eichsfelder Heimatheften* diese Verse veröffentlicht werden. Die Bemühung um eine klanggerechte Wiedergabe der Ausdrücke ist auch bei Beykirch deutlich zu erkennen. So werden u. a. das helle *a* mit *ae* (*Waelt* = Welt, *Gaeld* = Geld, *gegaesse* = essen) und das dunkle mit *ao* (*Voater* = Vater, *Goarwursch* = Garwurst, *oan* = an, *droan* = drann) vielfach geschrieben. Auch die Lautfolgen *st, sp* sind mitunter dem Sprachklang angepasst (*schtärzten* = stürzen, *schteets* = stets, *schproch* = sprach). Auch Doppelvokale (*broochte* = brachte, *noom* = nahm, *Papeer* = Papier) und Doppelkonsonanten (*Winne* = Wind(e), *hinne* = hier drinn, *uff* = auf) sind zu finden. Die unterschiedlich orthographische Wiedergabe gleicher Begriffe macht die Schwierigkeit der Verschriftung der Mundart bei Beykirch angesichts der o. g. Situation besonders deutlich.

Eichsfelder Schnurren (1980)

---

5 Nach freundlicher Auskunft seines Sohnes Walter Beykirch.

Hans-Gerd Adler, Heiligenstadt (*1941)

Pseudonym: *Gehanneß vumm Lipßbaerje*

Seit meiner Jugendzeit bin ich der Mundart sehr zugetan. Immer wieder habe ich versucht, meine Aufzeichnungen der Aussprache anzupassen, kam aber zu keinem befriedigenden Ergebnis. Der Kampf um eine lautgerechte Schreibweise wird später in meinen öffentlichen Werken sehr deutlich. Nicht alle Liebhaber unserer Mundart können den Bruch mit der Schreibweise aller bekannten Autoren der Eichsfelder Mundart und damit auch die Überwindung der Korrektheit der hochdeutschen Orthographie nachvollziehen. Meine Begründungen zu diesem Schritt habe ich seit 2021 immer wieder dargelegt. Ich muss aber feststellen, dass auch die von mir vorgegebene Konsequenz nicht allumfassend gelungen ist. So habe ich u. a. zwar die Konsonantendopplung bei *vunn* = von gesetzt, bei *zum* aber nicht, obwohl ich dem Klang nach hätte *zumm* schreiben müssen. Das ist nur ein Beispiel dafür, dass auch mir immer noch Zweifel geblieben sind, ob es nicht doch eine weitere Möglichkeit zur Anpassung an den Sprachklang gibt, so zum Beispiel, alle bekannten Widersprüche zwischen Schriftbild und Aussprache beizubehalten, mit denen wir im Hochdeutschen wie auch in der Mundart vertraut sind (siehe oben). Trotz aller Unvollkommenheiten, die in meinem Wörterbuch zu finden sind, bringt die größere Nähe des Schriftbildes zur Aussprache eine zukunftsträchtige, klanggerechte Konservierung unserer Eichsfelder Mundart zum Ausdruck.

Faefferkerner (2007)
Soolzschtangn (2018)
Wörterbuch (2021)
Schpelleoomnd (2022)

Ein Vergleich

Abschließend möchte ich die Verschiedenheit der mundart-
lichen Schreibweise eines von mir vorgegebenen Textes
darstellen. Ich konnte Frauen und Männer aus den Orten
gewinnen, deren Mundart-Autoren im obigen Text doku-
mentiert sind, dazu zwei Personen für das Untereichsfeldi-
sche. Die Aufgabe bestand darin, den in Hochdeutsch for-
mulierten Text in die jeweilige Mundart zu transkribieren.
Die Transkription war insofern eine hohe Anforderung, da
der Text bereits im Hochdeutschen anspruchsvoll ist. Dazu
muss ich erwähnen, dass es meinerseits keinerlei Hinweise
auf Entstehung und Sinn des Textes gab.

Anlass für das Gedicht war der 40. Geburtstag meiner äl-
testen Tochter. Sie wohnte damals in Sachsen und ich woll-
te sie auf eine mir wichtig erscheinende Sicht auf ihre Prä-
gungen und deren Bedeutung für das Leben aufmerksam
machen. 2007 habe ich dieses Gedicht im Vorblatt zu mei-
nem Buch *Faefferkerner* übernommen, da auch die Mund-
art, als unsere Muttersprache, einen wichtigen Anteil in der
Fülle unserer Prägung hat und somit zu unseren Wurzeln
gehört.

Daher führte mein Beharren auf die ausdrucksgerechte
Transkription folglich zu weiteren Absprachen, z. B. zu den Be-
griffen: *Wurzeln, begleiten, bereiten, Quelle* und *Genie*. Es
wurde deutlich, dass man bei der Verschriftung der Mund-
art keine Fehler macht, wenn man den Sprachklang seiner
eigenen im Ohr hat und diesen unabhängig vom Wortbild
lesen und artikulieren kann. Wer aber diesen Sprachklang
nicht kennt, dem wird es kaum gelingen, den zu lesenden
Text getreu der Mundart auszusprechen. Es gibt somit nur die
eine Möglichkeit, nämlich die Mundart lautgerecht zu ver-

schriften. Deshalb ist das Gedicht auch in der von mir kreierten Lautschrift eingefügt und zeugt davon, dass die geltenden Regeln der Orthographie für das Hochdeutsche in der Verschriftung der Mundart nicht relevant sind.

In meiner Mundart hätte das Gedicht eine ganz andere Ausdrucksweise bekommen, da ich sicher auch Begriffe verwendet hätte, die kaum noch in Gebrauch sind. Eine solche Vorlage wäre für die jeweilige Transkription anspruchsloser gewesen. Aber im Jahre 2024 noch ihre Mundart sprechenden Personen eine aktuelle und moderne Abfassung als Vorlage zur Transkription zu übergeben, wurde für mich zu einem unwiderstehlichen Reiz. Denn die zeitnahe Schreibweise des Mitteleichsfeldischen, des Höheneichsfeldischen und des Untereichsfeldischen soll die Schwierigkeit, in Mundart zu schreiben, sichtbar zum Ausdruck bringen. Und diese Schwierigkeit konnte ich erneut erfahren, wie das bei meinen früheren Sprachtests bereits der Fall war. Die Schriftbilder der Transkriptionen widerspiegeln nicht in allen Fällen das ausgesprochene Wort. Auch bei ihnen zeigt die Orthographie des Hochdeutschen ihre Spuren. Zudem wurde zu den oben erwähnten Begriffen zum Teil keine mundartliche Schriftweise gefunden, die dazu auch noch dem vorgegebenen Reim entsprechen sollte. Allen im weiteren Verlauf genannten Personen gilt mein uneingeschränkter Respekt und Dank ob ihrer Leistung.

Die Schriftbilder

Deine Wurzeln

Es sind die Wurzeln, die dich tragen,
Die dich ein Leben lang begleiten.
Sie sind einfach da, ohne zu fragen,
Du kannst sie niemals dir bereiten.

Ohne sie kannst du nicht leben,
So wie ein Baum nicht ohne sie.
Sie sind die Quelle für all dein Streben,
Es braucht sie selbst auch das Genie.

So nimm die Wurzeln, wie sie sind.
Schneide sie dir niemals ab,
So bist fürs Leben du nicht blind;
Nur ohne wirst du wie ein Grab.

Dinne Worzeln, Uder, Rita Roth

Es sinn de Worzeln, die dich tragen,
Die dich enn laebelang begleiten.
Se sinn einfach do, ohne ze fragen,
Du kannst se niemols dich bereiten.

Ohne se kannste nitt gelaebe,
So wie enn Baum nitt ohne se.
Se sinn die Quaelle ferr all dinn Straeben,
Es bruch se saelbst ae das Genie.

So nimm de Worzeln, wie se sinn.
Schnittse dich niemols ab,
So biste faers Laeben du nitt blind;
Nur ohne waerste wie enn Grab.

Dinne Wurzeln, *Mengelrode, Otto Rindermann*

Es sinn de Wurzeln, de dich tragen,
De dich en Labe lang begleiten.
Se sinn einfach do, ohne zo frogen,
Du kannstse niemols dich bereiten.

Ohne se kannste nit laben,
So we en Baum nit ohne se.
Se sinn de Qualle fer all din Straben,
Es brucht se salber a das Genie.

So nimm de Wurzeln, wie se sinn.
Schnitt se dich niemols ab,
So bist fers Laben du nit blind;
Nur ohne werste wie en Grab.

Dinne Worzeln, *Kreuzebra, Cordula Biniok*

Es sinn d Worzeln, die dich traan,
Die dich enn Laben lang *beklieden.* (von a(a)nkliede abgel.)
Se sinn einfach do, ohne ze fraan,
Du kannst se niemols dich *berieden!*(von ve(e)rberiede)

Ohne Worzeln kannste nitt gelaabe(n),
So wie enn Baum nitt ohne see.
Se sinn de Quallen fär all dinn Straaben,
Es brucht se salbst a das Genie.

So nimm d Worzeln, wie se sind.
Schnitt se dich niemols ob,
So biste färs Laeben du nitt blind;
Nur ohne wärste wie enn Grab.

Dinne Wurzeln, *Heuthen, Harald Löffelholz*

Es sinde Wurzeln, de dich traen,
Die dich en Laben lang *bekliedn.* (von a(h)nkliede abgel.)
Se sin aben do, ohne zu fraen,
Du kannst se nimmols dich *beriedn.* (von vörberiede abgel.)

Ohne se künnst de nit gelaabe,
So wien Baum nit ohne se.
Se sin de Quallen fer all din Straaben,
Es bruch se salbst a en Genie.

So nemm dinne Wurzeln, wiese sinn.
Schnitt se dich niemmols ob,
So beste fers Laben a nit blind;
Nur ohne werste wien Graab.

Dinne Worzeln, *Lengenfeld/Stein, Anneliese Blacha[6]*

Es sinn dinne Worzeln, de dich trogen,
De dich enn Laben lang begleiten.
Se sinn einfach do, ohne zu frogen,
Dü kannst se niemols (fer) dich bereiten.

Ohne se kannst dü nitt laben,
Se we enn Bäum nitt ohne se.
Se sinn de Qualln fer all dinn Straben,
Es brücht se salber dos Genie.

Se nimm de Worzeln, we se sinn.
Schnied se dich niemols ab,
Se bist fers Laben dü nitt bleend;
Nur ohne wärst dü we enn Grob.

---

[6] Durch freundliche Vermittlung von Hans-Georg Hildebrand, Lengenfeld/Stein.

Dinne Worzeln, *Breitenholz, Pia Rodenstock*

Es sin de Worzeln, die dich traen,
Die dich enn Laben lang begleiten.
Se sin einfach do, ohne zu fraen,
Du kannst se niemools dich bereiten.

Ohne se kannste nich laben,
So wie enn Baum nich ohne se.
Se sin die Quelle für all din Straben,
Es brucht se salbst auch enn Genie.

So nimm de Worzeln, wie se sin.
Schniede se dich niemools ab,
So bist fer's Laben du nich blind;
Nur ohne werste wie enn Grab.

Dinne Worzeln, *Steinbach, Peter Anhalt*

Äs sinn de Worzeln, de Dich trag'n,
De Dich enn Laebe lang begleitn.
Se sinn einfach do, ohne zu fraan,
Du kannst se niemols Dich bereitn.

Ohne Worzeln kannste nitt gelaeb'n,
So wie enn Baum nit ohne se.
Se sinn de Kwalln färr all dinn Straeb'n,
Es bruucht se salber ae's Genie.

So nimm de Worzeln, wie se sinn.
Schniede disse niemols ob,
So biste ferrs Laebn ae nit blind;
Mant ohne wärste wie en Graob.

Dinne Woarzeln, *Niederorschel, Margret Frank*

Äs sin de Worzeln, die dich trojen,
Die dich enn Laeben lang *begleiten*.   (kein Pendant)
Se sin einfach do, ohne zu frajen,
Du kannst se niemols dich *bereiten*!   (kein Pendant)

Ohne se kannst de nich laben,
So wie en Baum nich ohne se.
Se sin dar *Born* fer all din Straeb'n,   (für Quelle)
Es brucht se salber das Genie.

So nimm de Woarzeln, wie se sin,
Schnitt se dich niemols ob,
So bist fer's Laeben du nich blind;
Mant ohne werst'de wie en Groab.

Dinne Wurzeln, *Lutter, Frank Müller*

Es sin de Wurzeln, die dich traan,
Die dich en Laaben lang begleiten.
Se sin einfach do, ohne ze froogen,
Du kannst se niemols dich bereite(n).

Ohne se kannst du nit gelaabe,
Se wie en Baum nit ohne se.
Se sin de Quall'n fer all din Straben,
Es bruch se salbst a das Genie.

So nimm de Wurzeln, wie se sin,
Schnidd se dich niemols ab,
So bist fer's Laaben du nit blind;
Nur ohne werste wie en Grab.

Dine Worteln, *Neuendorf, Franz Konradi*

Et sit dine Worteln, de deck trochet,
De deck an Leven lang beglachet,
Seh siht infach do, ohne te frochet
Do kunst seh niemols berachet.

Ohne sah kunst do net laven,
So wih an Bom nicht ohne sah
Se siht de Quell fa oll din Mocken,
Et brucket sah ok an Genie.

Do nimm dine Worteln, wi se sit,
Schneie se dek nie ab,
Do biste vor din Leven nie blint;
Over ohne bis te wie an Chaf.

Dine Warteln, *Ferna, Reinhold Reimann*[7]

Et zied diene Warteln, de deek troget,
de deek enn Leben lang *begleiten*.   (kein Pendant)
Sa sied ainfach do, ohne de frogen,
Du kannst sa niemols deek *bereiten*.   (kein Pendant)

Ohne sa kannst du nich leben,
So wie enn Boam nich ohne sa.
Sa sied de Quelle far dien Streben,
Et brucket sa selbest ock dat Genie.

So nimm de Warteln, wie sa sied.
Schnitt sa deek niemols aff,
So biste fard Leben du nich blind;
Nur ohne werst du wie enn Chaff.

---

[7] Durch freundliche Vermittlung von Anneliese Blacha, Ferna.

Dinne Worzln, *Lutter, Gehanneß vumm Lipßbaerje*[8]

ß sinn d Worzln, dii dich traan,
Dii dich enn Laemn lank beklaitn.
Se sinn ainfach do, oone z fraan,
Du kannzd se niimoolz dich beraitn.

Oone Worzln kannzde nitt gelaewe,
So wii enn Baum nitt oone see.
Se sinn d Kwaelln färr oall dinn Schtraemn,
ß bruchcht se saelber ae ß Schenii.

So nimm d Worzln, wii se sinn.
Schnidd dich disse niimoolz oab,
So bißd färrß Laemn du nitt blind;
Nuur oone wärrßde wii enn Kraab.

Daer Ungerschiid

Eß fellt ainfach schweer, so ze schriimn wii me schprichcht. Daß kimmet sicher dohaer, daß me inner Schuule nuur Hoochdidtsch geschprochchn hann un deßwaejen ae so schriibe muttn. Un dodrimme hannse ae immer gesaet, daß me nitt Plaad schwaddze sunn, domeet me inner Schuule bijm Schriimn kenne Faeler machcht. Nuur birr Muuloort, do ässeß so, daß veele daen Schproochklank äbberhaubt nitt mee kenn un deßwaejen disse ae nitt richdich geschpraechche kunn. Wämme wunn, daß d Muuloort nitt uußschtärbet, do munn me nunn ae sa schriibe wii me schprichcht. Abber daß, wii me oomne sitt, fellt daen Liddn zeemlich schweer, daenn se mainn, wänn se genauso schriimn wiise schwaddzn, daße do Faeler machchn. Drimme munn me unz märke: Unse Muuloort äßß zwar Doitsch, abber **kenn** Hoochdoitsch!

---

[8] Kreierte diese Lautschrift als Schriftbild zur Bewahrung der Sprachmelodie der Eichsfelder Mundart.

Ein Ratschlag

Viele Leser werden die Eichsfelder Mundart nicht mehr sprechen und auch kaum noch verstehen. Noch weitaus schwerer ist es, sie zu lesen. Auch das ungewohnte Schriftbild (Lautschrift) und die vom Hochdeutschen abweichende Orthographie werden eine anfängliche Skepsis hervorrufen. Daher ein Tipp:

Wenn Du den Text siehst, frage nicht danach, was das für eine Sprache ist und was das einzelne Wort wohl bedeuten mag. Konzentriere Dich vielmehr auf das Schriftbild und seine Buchstaben. Dann sprich zunächst einfach laut und vor allem **langsam** (Buchstabe für Buchstabe, Silbe für Silbe) das aus, was Du schwarz auf weiß siehst. Wenn Du Dich sprechen hörst, dann verstehst Du bestimmt auch das Wort und findest Mut zum Lesen. Nach wenigen Übungen wirst Du dann auch den Spaß an der Mundart finden, wenn Du die Anekdoten und Schnurren gelesen hast.

Und merke Dir:
Mundart ist zwar Deutsch, aber eben kein Hochdeutsch! Sie ist auch keine Sprachform, die nur von früher gebräuchliche Ausdrücke benutzt, sondern auch neue Begriffe werden in ihrem typischen Slang gesprochen und daher auch so geschrieben.

Bekriffe dich eeßd saelber

Wänne d Waellt nitt mee värrschteßßt
un du mainßt, se keeme ußß daer Baane,
do läät daß ainfach nuur dodraane,
daß d dich saelber nitt värrschteßßt.

Drimme loßß daen Gaißd bij dich mool riffe
un dännke noo, waer du saelber bißd,
aebb Haide, Juude odder Krißd,
dann wärrßde ae d Waellt bekriffe.

D beßßde Schprooche

Welcheß äßß d beßßde Schprooche,
dodräbber loont eß sich z sinne.
Dee kunnt dobij j nuur gewinne,
lood uurn Kopp daß jeddzt mallooche.

Ne Schprooche äßß d Muuloort ae,
sißßt kinnte me j nitt geschtorje.
Me kinnte sich ae nischt geborrje,
odder n guudeß Worrt gegae.

Enne Schprooche sinn ae dii Gefiele,
dii unse Kerrper mett unz schprichcht.
Nuur wänn kenn Iiß im Haerzn brichcht,
do schprichcht me woll mett ennem Schtiile.

Ne Schprooche, dii hätt ae daer Gaißd,
daß sinn im Koppe dii Gedannkn.
Dii kennn wedder Hallt nachch Schrannkn,
un kenne Kränzn oallermaißd.

D beßßde Schprooche äßß d Liibe,
daenn disse schprichcht j nuur d Seele.
Dii laernßt de schnaell, mußßt dich nitt kweele,
dii bruchcht nuur Ziit un kenne Iile.

D Geschichtn im DDR-Sozijalißmußß

Eß äßß nitt z klaumn, in dissm Gedichde
wäll ich mool uuß unser Geschichtn berichde.
Me hann se ärrlaewet, bij unsem Oolder äßßeß kloar,
nitt mannd hidde un geßdern, nae, mee oalz värrzich Joor.

Eeßd worr dr Krigg uuß, me worrtn befrait,
d Fraide worr krooß, dachch boole koomß Laid.
D Befraijunk vunn oallm gung witter, värrwoar,
boole hottn me mannd unse Laemn nachch goar.

Un färr oalleß, egaal imme woaßßeß gung,
do bruchchtn me eeßd ne Geneemijunk.
Bijm Innkaufn, dodrann geweente me sich,
hoorte me maißdenz: „Das hamm wa nich!"

Un wail deßwaejen veele noom Wäßtn sinn geflichchdet,
hätt Eerich imme unz ne krooße Muurn errichchdet.
Haer saete, dißß worr j kenn Widdz,
domeet wörrte ß Vollk värrm Kapidalißmußß geschiddzt.

Kenner vunn unz dorfde in oall daen Joorn
bij unz im Aikßfaelle schpazeern faarn.
In Richchdunk Wäßtn kunntn me nitt wiid,
daenn do worr färr unz ß Schpärrgebiit.

Vunn unz hotte kenndr mee n aijenen Willn,
jeder mutte mannd immer sinn Plaan ärrfilln.

ß Laemn worr schweer, daß wußßtn d Frauwn am beßßdn,
oone Bekannte inner HO[9], oone Värrwoandte im Wäßtn.

Mannd bij daen Funkßjonäärn, daß äßß maißdenz so,
do faelte nischt, do worr oalleß do.
D äbbeßdn Genoßßn, dii hottn, ß äßß nitt z klaumn,
sich enne hailje Schtaadt bij Bärrliin looße bauwn.

Se sooßn in Woanndliddz wii im Baradiise
un do kunntn se daen Sozijalißmußß hooch gebriise.
Dachch mee oalle, mee hottn d Schnuußtn vull,
ß Laemn färr unz, daß worrte ze dull.

Veele Lidde, dii se no Ungarn liißn,
dii koomn nitt wärre, dii flichchdetn no Giißn.
Im Oktoower 89 hätt ß Vollk dämmonßtriirt,
woaßß oalz Friidliche Räwweludzijoon äßß deklariirt.

D Kränzn därch unse scheeneß Lannd
därch daen Willn vumm Vollke ß Änge sa fannd.
In unsem Aikßfaelle, daß d maißdn nachch nitt kunntn gesee,
kamme nunn Gottzaidank wärre äwweroall hänngegee.

Un oalle, daß äßß j besunnderß scheen, färr unz abber nij,
kunn nunn wärre Doitsche in Doitschlannd gesij.
Daer dißß oalleß hätt im Joore ninnzich uffgeschrämmn,
daß worr Jupp Boode, daen veele nachch kennn.

---

[9] Staaliche Handelsorganisation der DDR.

Daer Baabßd worr do

Wißßt de nachch, färr boole zwellf Joorn,
oalz Baabßd Bännedikt koom hiihaer gefaarn?
Haer koom vunn Rom äwwer d Allbmn no Bayern rinn
un wullte ußßer Ärrfurrt ae unse Aikßfaelld sijn.

Schnaell worr me sich ainich – daer Scharfnschtain-
sullte enn gotteßfirchtijer Traeffbunnkt waere – goanz fain.
Me siechte – un fung mank daen ooln Muurn -
daadsächlich enn Ekkchn mett krißdlichn Schpuurn.

Schnaell worrte dofeer enne Schtrooßn konzebeert,
dii sogoar innz Aikßfaeller Schtrooßnneddz geheert.
Abber daer Raisemarschall vumm Baabßd hotte n annern Plaan
un äßß eeßdmool därchß katdoolische Aikßfaelld gefaarn.

Haer sogg Aeddzelßbach un worr sich gewißß,
daß disser Marijenwoallfaartzordt d oallerbeßßde Schteede äßß.
Haer fruug bijm Farrn Schtubi noo un bijm Mällchbuurn Frank
u schonn worrte immegeplaant, daenn biß Härbeßte worrß
nitt me lank.

D Schtrooßn, d Faelldwaeje, d Hisser, jo jede Schtelln
worrte uff Verdermann gebroocht inner krooßn Waelln.
Dousende Hännge hann flink sich geruurt
un jeder hätt dobij goanz dolle geschpuurt.

Färr d Organnisadzijoon, do langete me dann
enn Scheffplaaner vunn Regenzborg ae nachch rann.
Dachch daer Plaan worr veele z krooß, wii se soggn,
daenn dr Baabßd koom mett m Hubschrauber aangefloggn.

Ninnzichdousend Männschn worrn do zum Ämmfang
hann gejubelt, gebaedd, daen Baabßd bekrießt mett Gesang.
Dann flogg haer wärre furrt, worr begaißdert vumm Aikßfaelle
un luuß daen Saejen hii färr unz oalle.

Baabßd Bännedikt äßß nunn geschtormn
un mee laemn hidde meet veeln Sorjen.
D Waellt, sa schiintz, schtett boole Kopp,
do nimmt ne Frooge äbberhaubt nitt oab:

Schtenn mee hidde nachch feßßde im Klaumn an Gott,
odder kunn me nuur gebaede, wänn me hann krooße Noot?
Daß summe unz mool frooge, enn jeder färr sich,
daenn ß schiint so, oalz wärrß veeln jeddzt oabseluut glichch.

Baabßd Frannsißkußß värrsiecht ß Kärrchnschiff guud z laitn
in err Ziit, wooß bij Kärrchnz gilld, veele uffzeoarwaitn.
Dachch jeder kann mett Männschlichkait un Gottvärrtraun
färr sich un sinne Libbeßdn enn Funndamänd färr d Zukunft baun.

Dobij silltn me – wii friejer – äbber oall unse Neede un Sorjen
mett dr Mudtrgotteß in Aeddzelßbach värrtrauenzvull schtorjn,
daenn dii kimmert sich genau wii friejer imme unz, eere Kinndr,
egaal, ae wänn se nachch plaad schtorjn, d Aikßfaeller Minndr.

Woaßß färr Ziidn?

Enne Frooge ledd mich nitt looß,
se schpuuket mich im Koppe rimme:
Woaßß färr Ziidn sinn daß blooß,
äwweroall nuur krooße Winne.
Un disse bloosn wii värrrikket
immehaer in disser Waellt,
me finget kaum, woaßß feßßde schtikket,
oalleß dreet sich nuur immß Gaelld.

Un dißß beschtimmet, waer d bißd,
wii d dich kannzt prässndeere,
un wänne mainßt, du wärreßt Krißd,

do wärrßde dich woll nachch plameere.
Dinn Klaube äßß boole d leddzde Sachchn,
kenn Wunndr, daß du do nischt bißd,
daßße äbber dich blooß lachchn,
wii du d Wallt vunn hidde sißßt.

Klaub jo nitt, daß annerte wärrd d Waellt,
daenn Mammonn hätt se feßßt im Kriff,
haer schmißßt nuur rimme sa mett Gaelld,
fiift druff, wänn mool ungergett enn Schiff.
Un woaßß dobij sa koomisch äßß,
d Lidde märkenz ainfach nitt,
se jammern äbber eern Schtreßß,
dachch eere Giir im Härrn se kritt.

Un disse hätt se feßßt imm Kriffe,
se klaumnß ae, daß wärre d Rettunk
un sa schpruudeln eere Kniffe,
imme Gaelld z scheffeln nuur genunnk.
Immer mee! Immer mee! Eß rekket nitt
färr oall daen Aanschpruchch, daen se hann.
Un mancher vull daen Hoallz nitt kritt,
wail feßßd d Giir se hätt im Bann.

Waer wunndert sich daenn do nachch drimme,
daß uff Deijwel kumm ruuß nuur wärrt geloggn,
daß eß wärre Krijje gidd, goanz schlimme,
veeln ß Faell äbber d Oorn wärrt gezoggn?
Waer wunndert sich, daß mancheß Raecht
getraedn wärrt mett daermn Fießn
un dii Moral maroode, schlaechd
nuur hillft, daß d Finannzn fließn!

Dachch woaßß äßß am leddzdn Änge,
wänn se lään dann uff dr Schtraemn?
Woaßß nuddzn dann d vulln Hänge,

wännse wii oalle kummn inne Aerdn?
Hätt eere Giir se uffgefraeßßn,
wo se nachch gejabbse kunntn,
sinn se boole hänn, värrgaeßßn;
d Wärmer worrn eere leddzdn Kunndn.

D Ziidn hidde kummn mich aan,
oalz wänn boole ungerginge disse Waellt.
ß äßß wiin Dannz uff ennm Wullkaan,
daer schtatt Lawa schpiddzt nachch Gaelld.
Zum Klikke sinn nitt oalle so,
wii soaemne äßß beschrämmn.
Du un ich, mee sinn dachch froo,
daß mee dovunn nachch veele kennn.

Enne haikle Sachchn?

Mancheß, woaßß hidde sa baßßeert, kamme nitt immer glichch bekriffe. Do mußßme sinne Simmeleerkuugl innschallte, imme daen differn Sinn ruußzefingn.

Woaßß maint dee daenn, woaßß sich d Lutterschen jingeßd [10] gelaißtet hann? Daß wißßt dee beschtimmt nachch nitt un ae nachch nittmool oalle Lutterschen. Disse Sachchn äßß werklich haikel. Jou, entwedder se hannz saelwer nitt raecht bedoocht, nitt gewußßt, odder se sinn dodaal uff Konnfronndaddzijoon gegenn.

Schtellt uchch dachch mool veer, waßße inner Lutter gemachchd hann. Jou, se hann naemmlich oomne värrm Kiile daem Deijwel enn Kriddze värr d Noasn gesaßßt. ß

---

[10] Am 13. August 2023 wurde das neu errichtete Kreuz am Lengenberg (vor dem Kiele) feierlich eingeweiht.

schtett sa ungefaer zaen Minuutn genau veer daer Helln. Do mußßme mool geschpannt bliiwe, woaßß daß jeddzt gae säll.

Friejer jednfallz gungß do goanz scheene rimme. Wännz Schtaebbchn, oalso daer Deijwel, naemmlich mool wärre in Wuut koom, waile daen Lutterschen nitt bijkoom, do trodd haer mett sinnm Faerdefuuß daermooßn värrn Fellsn, un ß schrekklichßde Gewitter koom ußßem Schtoffelz Lochche, oalso ungne vumm Haenerßborn. Do maintn d Lutterschn, nunn ginge abber d Waellt beschtimmet unger. Un woaßß hannse in eerer Angeßd gemachchd? Se hann enn Wakkß-lijcht aangeschtukket, hann sich inner Kichchn värrß Kridd-ze gekniit un gebaedd. Un dogaejen koom daer Deijwel nitt aan. So worrte haer wärre ne Wiile zaam, woortet uff d naechßde Gelaejenhait un hoffd, daß d Lutterschn dann scheene im Bette lää bliimn un ß Baedn värrschloofn. Jou, un do hätte sich abber gewalltich gedoischt, daenn d Lut-terschen hann därchgehooln – jednfallz biß hidde.

Me mußß een j looße, se hottn schonn Muut. Hidde, wo inner Waellt soveele drunger un dräbber gett, nachch enn Zaichn uffzeschtelln, woaßß unsen Veerfaarn un unz daen Waeg därch kiime Ziidn gewessn hätt, daß värrdiint Aaner-kennunk. Aebb d Lidde hidde beßßer zeraechte kummn, wänn se oalleß värrgaeßßn, woaßß äbber veele Joorhunn-derte färr unse Veerfaarn Hoolt worr un eenen ae Richch-dunk gobb, äßß woll nuur schweer z klaumn. Kloar, ß äßß veele annerte geworrn un me mußß ae sann Schtikke meet daer Ziit gee, abber goanz oone daen liimn Gott?

40

ß Wißße Kriddze

Enn Wißßeß Kriddze[11] äßß bekannt
bij Oold un Junk im Lutterlannd.
Eß schtedd goanz oomne uffm Baerje
bäwwerm Ungerm-Schtaine-Waeje
un lichtete veele Joore wiid,
äbberß Därf in trieber Ziid.

Domoolz, oalz im krooßn Krijje
saveele Hisser schtunnn drijje,
wail eere Junkß un eere Maenndr
in daem hellschn Därjennandr
sinn gefalln odder värrmißßd,
do worrte ß Kriddze uffgerichchd.

Färr drijenaachtzich junge Lidde
schteddz ß wißße Kriddze do biß hidde
oalz Maanunk, vunn Borrschn uffgeschtallt.
Eß säll unz wiise un daer Waellt,
daß Krigg nitt färr d Männschn deyjet
un witter nischt wii Unklikk bränngnet.

ß Kriddze äßß jeddzt zugewaßßn,
troddzdaem abber nitt värrgaeßßn.
Daer Waeg dohänn äßß zeemlich schtikkl,
un nuur junge Lidde hännkunnn hidde.
Dii Noamn vunn daenn, dii troof enn Schußß,
schtenn oalle bij Maurizijuß.

---

[11] Das Weiße Kreuz wurde 1946 vom Burschenverein und Kriegsheim-
kehrern im Stadtwald errichtet.

Noch enn wißßeß Kriddze

Nunn hann d Lutterschn, abber nitt in Iile,
enn zwaiteß uffgeschtallt, värrm Kiile.[12]
Dißß äßß uuß Schtaal un enn Schtikke kreßßer,
me sitzt vumm Därfe ae veele beßßer.
Ärrraiche kannz jeddzt jeder lichte,
un sich uußgeruube bij aemm, gannz dichte.

Dii eß uffgeschtallt, woll raecht un guud,
dii hottn woarlich krooßn Muut.
Daenn wämme so d Waellt begukket,
daer Klauwe nitt me veele zukket.
Dii Kärchn waern j immer leerer
un ß goanze Laemn schiint jeddzt schweerer.

So mußßme nunn d Frooge schtelle:
Woaßß säll daß Kriddze bij daer Helle?
Nunn, daer Deijwel äßß nitt drhaim im Schtall,
me trifft ne dofeer jeddzt äbberoall.
Haer bakkd so manchn bijm Schlafittchn,
drimme mußß enn Kriddze wärre lichchtn!

Dißß nuuwe Kriddze säll unz nunn maane,
daß me bliimn oalle hebbsch uff daer Baane,
dii unse Ooln hann geschaffn.
Jou, mee bruchchn Baedn jeddzt oalz Waffn,
domeet dii Krijje uff dr Waellt
un unger unz hann kennen Hallt!

---

[12] Da das Weiße Kreuz schwer zugänglich und vom Dorf her nicht mehr sichtbar ist, wurde 2023 ein neues vor dem Kiele am Lengberg errichtet.

Enn guuder ooler Rood

Me maint, daß d Ziidn hidde kaum nachch uußzehooln sinn un daß d Lidde friejer daß nitt aerlaebet hann, woaßß mee jeddzt ertraa munn. Abber dißß schtimmet nitt goanz. Mancheß äßß hidde genau nachch so wii friejer. Enn sicher geschaiter un värr oallm frommer Männsche hätt värr langn Ziidn in sirr Noot zu daem liimn Gott so gebaedd:

> Liiber Härr un Gott!
> Siddz daem Äbberflußße Kränzn
> un loßß d Kränzn äbberflißßich waere.
> Nimm daen Ejefrauwn ß leddzde Worrt
> un erinnere d Maenndr ann eer eeßdeß.
> Gidd daen Regiirnden enn beßßereß Doitsch
> un daen Doitschn enn beßßere Regiirunk.
> Schänke unz un unsen Frinnen mee Woarhait
> un daer Woarhait mee Frinne.
> Beßßere sollche Beammdtn, dii woll däätich,
> abber nitt wooldäätich sinn
> Loßß dii, dii raechtschaffn sinn,
> ae Raecht schaffe.
> Sorje dofeer, daß me oalle innen Hämmel kummn,
> abber, wänne witt, nachch nitt glichch.

Un enne Frooge

Woaßß äßß daenn aijendlich Zefreednhait? Me trifft dachch kaumn nachch waen, daer zefreedn äßß. ß schiint so, oalz kräyjn d maißdn eern Hoallz nitt vull. Ich klauwe, me silltn mool schtille hoole, in unz gukke un dobij mool an unse Ooldvärrdern dännke. Ich klauwe, daß me do schnaell wärre mett daen Fießn uff d Aerdn kummn. Un bij waem daß nitt klappet, daer säll sich mool meet daem Firrlefannz un daen Kinkerliddzjn befaßße. Un wänne dann dachch sinn Gesichchde zum Lachchn värrzitt, do finget haer beschtimmet ae zu sinner Zefreednhait zerikke.

Orijendiirunk

Enn Worrt, welcheß sichcher jeder kennt,
daß haißt uff laddainisch Orijend,
uff Doitsch äbbersaßßt dißß Oßßdn haißtz.
Un wail d Sunne do uffgett immer,
oalz ainzijer krooßer haeller Schimmer,
worrtz zur Orijendiirunk oallermaißd.

Eß worr d beßßde Richchdunk dann,
dii feßßde schtunn färr oallemann,
do kunnte kerr woaßß draane rikkn.
Dißß äßß Gottzaidank so ae nachch hidde;
dachch giddz inzwischn jeddzt ae Lidde,
daen eere Lijchter kraell uffplikkn.

Do fellt d Orijendiirunk uns ae schweer,
daenn veele Lijchter blänndn seer,
daß me inne fallsche Richchdunk gett.
Dachch hätt d Geschichtn schonn särweert,
wail d Richchdunk worr värrkeert,
wiiveele Unklikke gebroocht dii hätt.

Säll d Zukunft abber klikke,
mußßme uff d Geschichtn blikke
un gukke, woaßß do worr värrkeert.
D Gaißder ungerschaide kinne,

daß mußß me laerne jedem Kinne,
un ae, daß Muut doozu geheert.

Drimm liiwe Lanndzlidde, sijt uff Boßßtn,
ß Lijcht kimmet noo wii veer ußß Oßßdn,
dißß gidd Orijendiirunk färr uur Laemn genunnk.
Lood Klaumn un Traddizijoon bij uchch nitt schtaermn,
dann kunnt getrooßt dee ae värrärmn,
woaßß hellt uure Kinndr ae in Schwunnk.

Orijendiirunk abber hätt sinn Praiß,
daenn se deyjet nitt nuur uff Gehaiß,
du saelwer mußßt entschaide dich!
Äbberlegg eeßd, abber machchß nitt glichch!

D rainzde Woorhait

Enn aechter Aikßfaeller, daß äßß bekannt,
daer liiwet sinne Haimat, ß Aikßfaeller Lannd.
Me schtellt ungewullt feßßde, in Gedannkn värrloorn:
Enn Aikßfaeller wärrt nitt wii annere Lidde geboorn.
Daer Härrgott hättse goanz bärrseenlich geseet
un dißß garanndiirt enne Dobp-Kwallidäät.
Haer noom doozu enn kroomn Saamn,
daem gobb haer inne Aerdn mett sinnm gettlichn Saejn,
wail j daer Bonn ennen fainen nitt värrträät
un disser d Männschn dachch schliißlich ae prääkt.
Un wänn daer dann uff dissm Bonn eeßd weßßt,
do schtellt me natierlich sinn Karaggder ae feßßt:
Gaißdvull un schlau, oone veele ze schwaddzn,
humoorvull un daerbe, oone ze värrleddzn.
Enn Aikßfaeller äßß, zesammngefaßßt,
enn Männsche, daer genau inne Lanndschaffd rinnbaßßt.

Firrlefannz

Goanz friejer worr daer Firrlefannz
enn lußßdich schnaeller Schpringedannz,
odder ae enn allwern, waelscher Männsche.
Enn Firrlefannzer, sa hätt Luther mool gemaint,
daß wärre err, daer rimme mett sinnn Schtorjn traimt.

Hidde maint mett Firrlefannz me maißdenz Dannt un Kraam,
daer nuddzlooß, abber troddzdaem hebbsch ze gukkn aan,
ae woaßß sa äbberflißßich äßß un Kinnerrijn un Allwernhaitn.
Mee wunn daß lokker naeme, gukkn uff Schpaaß un Dannz,
un wämme lachchn, frooge ich: Äßß daß jeddzt eern Firrlefannz?

Kinkerliddzjn

Kinkerliddzjn sinn ae lange schonn bekannt
un in eerer Bediidunk mett Firrlefannz värrwoandt;
d Hugenottn hottn enn annerß Worrt dofeer.
Dißß worrte inngedoitscht, värrziirt mett litz un chen;
uff Muuloort saen mee nunn dofeer: Kinkerliddzjn.

Mett ennm Loadn, wo me Iisnwoarn un Waerkzigg kritt
un oalln meggelichn Krimmßkrammß sitt,
mett daem wumme hii unz nitt befaßße.
Woll abber mett Allwernhaitn un värrrikktn Widdzjn,
wodräbber me gelachche kann, daß sinn unse Kinkerliddzjn.

46

Enn Gaßßd in Firrlefannz

Uffm Haane sooß bij Firrlefannz juppheidi, juppheida,
drij loange Daage Maijerß Hannz, juppheidi, heida.
Enn goanzeß Faßß Beer sull aemm raiche,
biß daßße ändlich mutte sai…
Juppheidi, juppheida, juppheidi, wiederallala,
juppheidi, juppheida, juppheidiheida!

Kinkerliddzjn machcht Mussik

Haiko un Niilz, dii sinn bekannt juppheidi, juppheida,
nitt nuur bij unz im Aikßfaeller Lannd, juppheidi, heida.
Mett Zärrwannzt, Sakkzefoon un krooßer Klabpn
genn se kainem därch d Labpn.
Juppheidi, juppheida, juppheidi, wiederallala,
juppheidi, juppheida, juppheidiheida!

Firrlefannz un Kinkerliddzjn

Am Änge äßß hii woll goanz klaar,
disse baidn sinn im Buuch enn Schtaar
daer Muuloort, dii hättz hii nitt schwer!
Daenn oole, nuuwe un ae allwerne Sachchn,
dii sunn uchch wärre Fraide machchn,
un schmißße daen Frußßt värr uure Deer!

Reklaame färrß Aikßfaelld 13

Eeßdmool enn Liid
Melodie: Eichsfeldlied

Ein Eichsfelder Frohwanderblut
Mit liederreicher Kehle
Macht jedem fremden Wandrer Mut,
Erfreut ihm Herz und Seele,
Begleitet ihn durch grüne Auen,
Lenkt seine Blicke auf das Land,
Lässt Burgen ihn und Kirchen schauen,
Knüpft damit ein Freundschaftsband.

Woaßß sa im Bittl äßß

Machchßde Raßßd im kieln Krunne,
Wail du häßßt sonn krooßn Doßßd,
So schnitt dich aan ne scheene Runne,
Daß äßß Aikßfaeller roode Woßßt.

Wänn daem Woandrer drikket d Hakke,
Do säll haer woll zur Raßßd sich siddze.
Langete ußßem Bittl dann ne Schtrakke,
Do äßß enn Beerchn aemm zur Niddze.

Daer Faelldgikker äßß enn Hoochgenußß,
Vumm Aikßfaelle ß beßßde Marknzaichn.
Waer daen gegaeßßn, daer wäll, daer mußß
Een ußßem Koppe nitt me schtraichn.

Ae Sießeß giddz hii uffm Aikßfaelle,
Me bruchcht nitt loange donoo suuchn.

---

13 Anlässlich des 122. Deutschen Wandertags vom 19.-22.09.2024.

48

No ooln Rezaepptn, in jedm Foalle,
Giddz bij unz hidde nachch Schmanndkuuchn.

Un wail Aikßfaeller gaerne singn,
mett veele Haerz un vuller Fraid',
hellt haer bijm Woandern värr oalln Dingn
enn Liiderbuuch doveer berait.

Zur Värrschtännijunk

Gn Dagg!
Wo kimmeßde daenn haer?
Wo witte daenn hänn?
Häßßte daenn enn bißßjen Ziit?
Dann kunn me mool geschtorje?
Wii gettz dich daenn?
Woaßß machchßde daenn so?
Gefelltz dich daenn bij unz?
Kimmeßde daenn mool wärre?
Machchß guud!

Kichchnmaißder Schmoalhannz

Innaemerß Jossepp un Angeneeß hottn driddzn Kinndr. Do
worrß ae kenn Wunnder, daßße do bij Innaemerß immer
zeemlich Kooldammp hottn. Sa hotte Jossepp mool ne
Zeyjen geschloachtet un eßß luug uff dr Hannt, daß Angeneese
vunn daen Kallunn n Keßßl vull scheene Kollraamnsobpn
gemachchd hotte. Dii ooßn se oalle gaerne. Wiiß dii nunn
gobb, hannse oallemann wii d Schinndraescher gegaeßßn,
nuur Jossepp worr nachch nitt ußßem Faelle zerikke. An-
geneeß mainte färrß Aeldeßde, Friidchn: „Zu, kraddz un

49

woasch daen Keßßl uuß un bränng mich daen Räßßd mett daem Woaßßer inne Kichchn, do kann ich ne mett minnm Uffwoaschwoaßßer im krooßn Dibpn zesammngeschette."

Wii daß goanze Geschärr nunn oabgewaschn un waegggeriemet worr, schtunn nuur nachch Jossepp sinn Daelldr un daer krooße Kochchdopp mett daem Uffwoaschwoaßßer uffm Dische. Do koom Jossepp un mainte: „Ouw, haa ich hidde enn Kooldammp!" Un haer noom d Kelln, fullte sich uuß daem krooßn Dibpn sinn Daelldr biß annen Rand vull un fung glichch z aeßßn aan. Dachch do mainte haer färr sinne Frauw: „Oallso, Angeneeß, hidde worr klauwe Schmoalhannz wärre Kichchnmaißder. D scheene Sobpn äßß j wiiß rainzde Woaßßer sa dinne!" Druffe Angeneeß: „Wiiso dinne. D Kinndr hann hidde oalleß waegggebuddzd un du häßßt dich dinnen Daelldr mettm Uffwoaschwoaßßer uffgefullt."

Minn Oppa

Hidde wäll ich uchch vunn minnm Oppa värrzeele,
wii daer sich värr hunnert Joorn mutte kweele.
Vunn morjenz bißß oobedz worr haer uffn Bainn
un dobij bläbb haer dachch schteetz immer beschaidn.
Dännke ich sa an minn Oppa zerikke,
mußß ainfach ich sae: Minn Oppa hotte Klikke.

Vumm Woolschtanne hätt Oppa nii woaßß geschpiert
un troddzdaem hätt haer woll kaum woaßß endbeert.
Honnekker un Schreeder hätt haer nitt gekannt,
domoolz hunng vunn Kaiser Willaim enn Billd anner Woannd.
Abber drhaim gungn effder uffeß Kriddz sinne Blikke
un haer saete sich: Haa ich dachch enn Klikke.

Un minne Omma, dii worr faßßt sa scheene
wii sinner Ziit Schauschpeelerin Diitrich, Marleene.
No annern Frauwn gukkte Oppa kenn bißßjen,
nuur Omma un mee kräggn vunn aemm enn Kißßjen.
Ich dännke sa offd an minn Oppa zerikke,
nunn saet mool saelwer: Hotte Oppa kenn Klikke?

Minn Oppa kannte nachch kenne Diifkielkoßßd,
aer laewete mett Omma vunn Schpaekk un vunn Woßßt.
Mett Värrkeerßammpeln, do hotte Oppa kenne Noot,
nuur wänne mool blou worr, do sogg Omma rood.
Haer gung uff dr Schtrooßn nachch mett sirr Kuu am Schtrikke,
nunn saet mool saelwer: Hotte Oppa kenn Klikke?

Haer buußdete innz Reerchn kenne Bromille,
wänn Oppa immefull, do worr haer maißd knille
un Omma, dii machchte kenn loangeß Waesn,
hätt Oppa abber orndlich d Lewiddn gelaesn.
Un troddzdaem worr haer Omma sinn beßßdeß Schikke,
nunn saet dachch mool saelwer: Hotte Oppa kenn Klikke?

Enn Radijo hätt Oppa nachch niimoolz gehoort
un inngeschloofn äßß haer oone Färnseeabparaat,
Gewaschn hätte sich immer mannd koolt
un dobij worr haer aachtzich Joore schonn oold.
Aer machchte nachch Klimmziege un ae nachch ne Brikke,
nunn saet mool saelwer: Hotte Oppa kenn Klikke?

Oppa hätt niimoolz innz Kranknhußß gemutt,
jou, wo d Banndschiimn lääd, hätt haer nitt gewußßt,
aer schlukkde sinn Laebdagg nii enne Bille,
sinn Maan kuriirte haer nuur mett Kamille,
worr immerzu schlannk un niimoolz z dikke,
nunn saet dachch mool saelwer: Hotte Oppa kenn Klikke?

Aer kannte kenne Sauna, wo me feßßt drinne schwiddzt,
enn Baad innem Bachche, daß hätt aemm geniddzd.
Oppa hotte kenn Barfiem un kenn Schpree ußß daer Doosn
un haer rochch troddzdaem nitt schlaechd ußß dr Hoosn,
sinne Kladdzn, scheen klaat, dii ziirte ae kenne Berikke,
nunn saet dachch mool saelwer: Hotte Oppa kenn Klikke?

Minn Oppa hätt niimoolz mett Hoffart geprоolt,
woaßße gekauft hätt, daß hätte ae safurrt bezaalt.
Vunn ennm Bankkonto wullt Oppa nischt wißße,
sinn Gaelld worr im Schtrummpe ungerm Koppkißßn.
Ich gukke mett Schtollz uff minn Oppa zerikke,
nunn saet dachch mool saelwer: Hotte Oppa kenn Klikke?

Kumm haime!

So manchmool fellt vunn ungefaer
enn Worrt mich inn vunn friejer haer,
wännz Mudtr äbberß Gaeßßjn rief,
oalz Kinnd beglikkt ich haimwaertz lief.
Nachch jeddzt ich manchmool traime
vumm Mudtrruuf: „Kumm haime!"

D Ziit gung hänn – ich schtellte feßßd,
daßßeß Laemn kenn Gaßßnschpeelchn äßß –
daß laengeßt ß Kinndhaitzklikk värrdorrt,
värrschtummt daß sieße Mudtrworrt
vunn ainzd, wii ich worr klaine
un Mudtr rief: „Kumm haime!"

Schtee ich an Mudtrß Kraabeßßchtain,
äßß mich, oalz rief se: „Kinnd, kumm haim!"
Un blinket enn Schtaern vumm Firmament,
dännk ich, daß daer minn Haimwee kennt.

Do schtee ich – sinn un traime:
„Oach, wärr ich dachch drhaime!"

Uff disser Waellt äßß kenne Raßßd,
ich bänn jo nuur enn Härrbergßgaßßd –
ß fingt daer Männsch eeßd dann d Ruu(we),
dekket een d Kärchhobbßaerdn zu.
Do aangekummn – ich maine,
do äßß me eeßd drhaime.

Ich schtee im Dagg – d Sunne brännt,
ß äßß kerr, daer minn Haerzwee kennt.
D Daemmerunk sinkt – Baedeklokkn litt –
ich horche: Rieft daenn Mudtr nitt
wii ainzd, wo ich worr klaine?
„ß äßß Ziit, minn Kinnd, kumm haime!"

Wänn ich in finnzdrer Naechte Bann
manchmool kenn Schloof gefinge kann
un Haimwee dann minn Haerz bedrännget,
do äßß mich, daß wärre Ruuwe brännget
in minne wachchn Traime
Daß Mudtrworrt: „Kumm haime!"

Enn uußgezaichnetn Schpiersinn

Schußßderß Kreetchn hotte ne Zeyjen, dii schonn inne Joore
gekummn worr. Do schproochß färr Napperß Mariichn:
„Oach, waißte Mariichn, ich klauwe ich looße minne Zeyjen
nitt mee dekke, daenn ich waiß nitt, aebb se nachchmool im
Schtanne äßß, n Laemmchn inne Waellt z bränngn." Druffe
Mariichn: „Jou, du häßßt raechcht. Wänne mainßt, daß d se
schlachchte witt, do schprichch Beschaid, daßße minn
Michchl dich zu Ooßdern geschloachtet kann."

Ne Wochchn druff worr Kreetchn in krooßn Needn, wail d Zeyjen nitt im Schtoalle worr. Deßwaejen fruugß bij sirr Napperschn no: „Mariichn, hätt Michchl daenn minne Zeyjen schonn räwwer gelanget?" „Nae, daenn dann hette haer dich j ae Beschaid gegaenn. Abber worimme freegeßde mich daenn do?" Un Kreetchn worrte dodaal uffgeräät un schprooch: „Jou, wail daß Deer nitt im Schtoalle schtett un ae uffm Hoobe un inner Schinn nitt z fingn äßß." Druffe Mariichn: „Woorte, Kreetchn, ich kumme ruuß un haellfe dich bijm Suuchn." Nunn luufn baide im Därfe rimme, kunntn d Zeyjen abber nitt gefinge. Kreetchn worr dodaal färrtich un mainte: „Nae, nae, nae, sonn Unklikke. Waer waiß, woaßß daem Deer baßßeert äßß. Un ß worr j enn zu aanhänglicheß Deer. Woaßß machche ich daenn jeddzt blooß?"

Do koom Schniiderß Eddeward imme d Ekkn, sogg Kreetchn in sirr Noot un schprooch: „Kreetchn, sijchßte anneern dinne Zeyjen?" „Jou, Eddeward. Häßßt du se daenn gesijn?" „Jou, se schtunn bij unz värrm Doore un hätt ge- blääket. Do haa ich d Deer uffgemachcht un se bij unsen Bokk gelooßn. Ich klauwe, dii baidn sinn schonn färrtich un du kannßt se dich bij unz wärre gelange." „Gottzaidank!", schprooch Kreetchn. „Dißß Schinngelaich vunn Zeyjen hätt j nachch enn uußgezaichnetn Schpiersinn un hätt in sinnm Oolder nachch ne guude Ändschaidunk färr mich getroffn. So kann ich mich dachch wärre enn Laemmchn krooßgezij."

Bijm Kaffeekladdsch

Bärrta, Mariichn un Augußde siddzn bijm Kaffeekladdsch am Ränntnernoomettdaage zesammn am Dische. Wiiß so äßß, schtorjen se ae äbber eere Sittewaddzijoon. Schprichcht Bärrta: „Oach, mich gettz j mett minn säbbetzich Joorn nachch goanz guud. Ich haa nachch kenne Brobbleeme mett daen Aumn. Ich bruchch nachch kenne Brille un kann daß goanze Klaingedrukkde uff daem Bailoageblaade vunn minn Dableddn nachch gelaese." Druffe maint Mariichn: „Jou, un ich bänn j veerije Wochchn krait aachtzich geworrn un bruchche nachch kenn Heergerät. Ich heere nachch wii enn Lukß. Ich heere sogoar, wänn enn Floo n Forddz ledd." Un dann luug Augußde looß: „Dee jungn Dingerchn, dee muut eeßd mool wii ich ninnzich waere. Do willte ich uchch mool sij, aebb dee dann ae nachch uure Unschulld hettet. Ich jednfallz haase biß hidde nachch. Doi, doi, doi!"

Enn Deßßd in Rellijoon

Wii se in Lutter d Kärchn mool wärre rennowiirt hann, koomß zu disser Sachche:

D Mooler hottn zeemlich Oarwait mett daen Wännn. Äwweroall brekkelte daer Buddz oab un ae d Näßße schtukkde uff daer Kärchhobbßsiidn inner Muurn. Dozuu koom, daßßeß iisekoolt woor, daenn ß worr nachch Febberwoar un z Kärmeßße sullte j oalleß färrtich sij. Dräbber hotte sich d Farrhußßheltersche gedoocht, daßße daen Moolern z Mettdagg mool ne scheene woarme Sobpn gebrännge kinnte.

Wii se dii nunn gekochcht hotte, hätt se sich uffn Waeg inne Kärchn gemachchd. Ungerwaejenz koom se uff d Idee, dii Mooler mool z deßßdn, aebb se sich nachch inner Rellijoon uußkenne wörrtn. Wii se nunn inner Kärchn worr, do fruug se glichch daen eeßdn: „Kennen Sie Pontius Pilatus?" Daer Mooler worr woarschiinlich nitt katdoolisch un dräbber hellsch värrduddzt. Haer mainte: „Ich nitt, abber ich frooge mool daen Eerich oomne uffm Gerißde, daer kennt veele Lidde." Un haer riif: „Ej, Eerich, kennßt du daenn Bonn-zijußß Bilaadtußß?" Un Eerich, daer woarschiinlich ae nitt katdoolisch worr, rief zrikke: „Nae, daen kenn ich nitt. Worimme witte daenn daß wißße?" Un daer Mooler ungne riif noo oomne: „Jou, sinne Oolsche äßß hii un wäll aemm n Dobp woarme Sobpn bränge!"

Dannte Juulchn sinne Kaddzn

Wii ich nachch klaine worr, saete minne Mudtr mool: „Me hann Miise uff daem Bonn. Wänn Dannte Juulchn sinne Kaddzn wärre kummn, do schpärrn me se mool do hänn. Abber du därfßt dovuune nischt värrroode." Hooch un hailich haa ich värrschprochchn, nischt ze saen. Kaum worr Dannte Juulchn in Sichchd, do haa ich schonn geruufn: „Dannte Juulchn, Dannte Juulchn, ich saeß dich abber nitt, daß mee oalle baide Kaddzn uffm Bonn inngeschpärrt hann!"

Daß Hochchznbillt

Daer klaine Feelikß gukket sich daß Hochchznbillt vunn sinn Aeldern aan. Oalle kennt haer, dii do druffe sinn, nuur haer äßß nitt ze fingn. Do fänget haer bitterlich aan z hiiln: "Oalle haad dee meetgenummn, nuur mich nitt. Wo haade mich daenn do so lange hänngedonn?"

Enn krooßeß Risiko

Traeffn sich Anreeß und Nikklauweßß. Schprichcht Anreeß: „Woaßß äßß dich daenn baßßeert? Hotteßde daenn enn Unfall, daß de sonn bloueß Auwe häßßt un sa rimmehinn-keßt?" „Nae, nae!", schprichcht Nikklauweßß. „Ich bänn geß-dern Oobed enn krooßeß Risiko inngegenn. Ich haa mool wärre Schkaat geschpeelt." „Nunn heer mich abber uff, dobij kamme sich dachch nitt sa zuschanne richde!" „Jou, aijendlich nitt, do häßßde schonn raecht. Abber schpeel du mool mett mirr Schwejjermudtr, do säjjeßd du am Änge genauso uuß wii ich jeddzt."

Eer leddzder Wille

Andonn un Märtn worrn d kreßßdn Gizzhellse im Därfe. Zunnt hottn se sich im Wißßn Roßße zu enner Woalld-maißderschpruudl getroffn un koomn uff enn haikleß Deema. Fruug Andonn daen Märtn: „Schprichch dachch mool, häßßt du daenn schonn dinn Deßdamennt gemachchd?" „Abber kloar!" schprichcht Märtn. „Un, waer ärbet dinn goanzeß Schpoargaelld?" „Kerr!", maint Märtn. „Ich haa värrfieget, daßße mich minn Schpoarbuuch meet innn Sarch lään." „Un du, häßßt du daenn schonn woaßß gemachchd?" „Jou!", maint Andonn. „Ich haa värrfieget, daßße mich noomn Doode blooß biß zum Buchchnabbel bekraabe sunn." „Worimme daen daß", wullte Märtn wißße. „Jou, waißte, uff disse Oort kann ich minne Kraabfleege saelber gemachche."

Kenne Brobbleeme mee

Jaakobb, Friddz un Vinnzennz faarn inne Schtaadt innz Vidaalbaad zum Gimmnaßßdikschwimmn. Schprichcht Vinnzennz: „Daß mußß ich uchch sae. Saitdaem ich hii in daem woarmn Soolewoaßßer bänn, haa ich kenne Brobbleeme mee mett minnm Rikkn. Do äßß oalleß balletti!" Maint druffe Jaakobb: „Jou, un ich haa kenne Brobbleeme mee mett minnm Knii. Ich klauwe, ich kann dissn Härbeßt dii baar Beedte im Klainhoobe wärre saelber immegekraabe." Zeleddzt schprichcht Friddz: „Jou, minne Brobbleeme sinn hii im Woaßßer ae oalle waegg. Mann, woaßß hotte ich ze duune, daß ich minne Bloosn leer krächchte. Hii drinne gettz wii vunn oallaine."

Enn Värrschpraechchn

Gehanneß suuß wärre inner Schänke
un trannk sich enn in oaller Ruu,
dachch fuurte zum Muule haer ß Getrännke,
do knebp haer baide Aumn zu.

Am Naemndische oalle lachchn, gukkn
un Jossepp woannte sich daem Gehanneß zu:
„Worimme machchßde daenn bijm Branntwiinschlukkn
bij jedem Klaaß dinne Aumn zu?"

Do saete Gehanneß: „Sait so saekß bißß sämmn Wochchn
äßß minne Frauw draane uffzemukkn,
do haa bijm Furrtgenn ich eer nunn värrschprochchn,
nitt wärre sa diif innz Klaaß z gukkn."

Enn braggdischeß Klaichnißß

Daer oole Schulleer, Kaßßber Weer,
schtellte ß Klaichnißß vumm guudn Härrtn veer.
Imme daen Kinnern enn Baischpiil dofeer ze gaenn,
gobb haer enn braggdischeß Klaichnißß aenn:

„Schtellt uchch mool veer, dee wärret oalle
dii Schoofe hii in dissm Schtoalle.
Woaßß maint dee daenn, so saet mich glichch,
wärre färr uchch hii vorne dobij ich?"

Do maellte sich safurrt daer Märtn:
„Ich hoole uchch j nitt färrn Härrtn.
Ae wänn dee krijjet jeddzt nenn Schokk,
ich hoole uchch färrn ooln Bokk!"

Lufftschußß

Im Bimmelbaenchn fuur enn Jaejerßmann
zur Jachcht no oomne, uffn Haan.
Bij aemm gaejenäbber im Kupee
do suuß enn Maechn, wii ne Fee.
Daer Jaejer dodd oalz wänne schliife
un haer im Gaißd im Hollz schonn liife.

Wii haer sa furrt worr, knapp ne Schtunne,
do krägg daß Maechn vunn daem Hunne
enn Floo inn Schtrummp, daen wull eß fange
un doochte, oach, daer Mann schleeft lange.
ß machchte nakkdich ß Bain un krooße Jachcht,
bisseß bijm Bikkn pleddzlich krachchd.

Wii dißß sa ungewullt baßßeert,
do schprooch daer Jaejer unscheneert:

„Daen Floo, daer sich in dinnm Schtrummp värrschtejjn,
daen hettzde beschtimmt sa nitt gekräyjen.
Drimme worrß j schlau, daß du entschloßßn
een mett daem Lufftgeweer ärrschoßßn!"

Därchschaut

Daer Bullchndoktr in Kärchgoandern
hullf veeln Wiiwern un ae Maenndern,
wail haer worr j zeemlich schlau.
Dachch schprooch haer färr ne junge Frauw:
„Uur Mann, daer äßß sa feßt am trännchn,
drimme lood ne libber schnaellßdänz rönnchn!"
Druffe schprooch dii Frauw: Woaßß dee nitt klaubt,
ich haa daen Kaerl schonn laengßd därchschaut!"

Beßßer raseere

Bij Doktr Milldr hänn no Uder
do gunk Mariichn ußß dr Lutter.
Eß kraddzde schonn drij Daage sich,
daenn ß Kiddzeln hotteß im Gesichchd.
Sinne Bakkn worrn, o krooße Noot,
goanz dikke krait un fijerriddzerood.
„Oach Doktr, duud mich dachch n Gefalln,
värrschriibet mich ne guude Sallmn."
Druff Doktr Milldr: „Heer Mariichn,
ne Sallmn dii hillft nitt färr dinn Siichn.
Dinne Bakkn, dii sinn safurrt kureert,
wänn dinn sich Gußdaff mool raseert."

ß Aumnmooß

D Zimmerlidde in Riißdungn,
dii soggn nitt gaerne daem Buurn sinn Jungn,
daer j nachch gunk inne Schuule,
abber nitt schtille worr mett sinnm Muule
un gukkte schtännich uff eere Finger,
deßwaejen winnschtn se een ae zum Schinnger.

Drimme saetn se sich, daen waern me schonn looß,
haer säll unz mool lange ß Aumnmooß.
Se hannz aemm beschrämmn un sa gemaint,
oalz wärre ne Woaßßerwoogn gemaint.
„Ich haa uchch värrschtenn.", zur Andworrt haer gobb
un schwubbß worre furrt vumm Huuse un Hobb.

Goanz ruff im Därfe haer jo mutte,
wo daer Schriiner sinne Wärkschtatt hotte.
Daer gukktne scharf aan därch d Brilln
un fruug daen Jungn no sinnm Willn.
Un kliddzeklain hotte disser baraad,
woaßß d Zimmerlidde aemm gesaet.

Daer Schriiner doochte sich im Schtilln,
daen schikkßde jeddzt mool hänn inne Milln.
Un haer saete drimme färr daen Jungn:
„Daer Milldr hätt jeddzt ß Mooß do ungn.
Du waißt j woll, wo d Milln schtett
un wo daer Waeg annelank do gett.

Sa luuf daer Junge därchß Därf no ungn
un hätt daen Milldr ae glichch gefungn.
Daer saete: „Oach, ß didt mich laid,
Schmeedz Jossepp, daer hätt disseß krait

sait geßdern schonn in sinnem Hußß,
gee hänn bij aemm un frogg ne ußß."

ß drette Mool därchß Därf gerannt,
bißße ändlich värr daer Schmeedn schtannd.
Haer knurrt daem Jossepp veer goanz luude,
daß haer daen Zimmerliddn nitt goanz truube,
un daßße een wunn woll värrklappße,
ne Schtunne schonn wärre haer uff Akße.

Daer Schmeed abber dodd uuß Schabbernakk
enn langn Schtain innen Futtersakk
un saete: „Hii minn Junge, äßßeß drinne
ß Aumnmooß färr minne Frinne.
Nunn traggß veersichtich, losseß nitt falle,
un machch, d Zimmerlidde woortn oalle.

Abber daer Junge gunk dodruff nitt inn,
daenn haer sogg daen Schtain im Sakke drinn.
Haer saete: „Oach liiwer Schmeed, wii allwern,
behoolt daen Schtain dachch libber saelwer.
Haer gung ennhaim un hott im Koppe
wii j d Zimmerlidde kinnte foppe.

Un wii j dann drhaim koom aan,
schtoolte haer sich goanz malade aan
un faikßde: „Haad de Hunger,
dann wärrjet ß Brood uchch trijje runger,
un äßß uur Doßßd no Branntewiin krooß,
daenn sijchtne mett uurm Aumnmooß.

Konntnraamn

Ninnznhunndertaachtunfuchchzich (1958) haa ich inner Babeerfabrik minne Leere oalz Indußtriikaufmann aangefangn. Ich hotte kenne Aanunk, woaßß do uff mich zukoom. Minn Laebdagg hotte ich nachch kenn Dellefoon inner Hannt gehatt, geschwaije enn Diinßtgeschpräch gefuurt. Villichchte worr ich drij veer Daage im Biroo vumm Värrsanne, oalz pleddzlich ß Dellefoon klinglde. Ußßer mich worr kerr do, daer daen Dellefoonheerer oabgenaeme kunnte. Ich haa Bluud un Woaßßer geschwiddzt, daenn ich wußßte äbberhaubt nitt, woaßß ich do saet sullte. Ich ruuß innz Loager un daen Scheff gelanget. Daer wullte natierlich wißße, waer am Dellefoon äßß. Daß kunnte ich aemm abber nitt gesae, wail ich j daen Heerer färr lutter Scheßß nitt oabgenummn hotte. Minn Scheff hätt nitt mett mich geschulln, abber wii ß Dellefoon dann wärre lutte, mutte ich draan un haer hätt uffgebaßßt. Sait daem Daage kunnte ich dellefoniire un fielte mich wii enn klainer Kennik.

Irjendwann koom ich dann inne Loonbuuchhaltunk. Daer Scheff dovuune worr wii enn Voatr, abber ae enn Unnikumm. Haer fruug mich enneß Daageß dißß un daß un krägg dobij ruuß, daß ich in Sachchn Finannzoabraechnunk nachch kenne Aanunk hotte. Sa schikkte haer mich inne Dischlerij. Do sullte ich daen Maißder frooge, aebb daer Konntnraamn färrtich wärre un wänn, dann sullte ich daen meet inne Loonbuuchhaltunk brännge. Ich oalso inne Dischlerij un gefrooget. Daer Maißder saete, daß see ne krait färrtich hettn, daßße abber jeddzt inner Schloßßerij wärre, dii do d Scharniire un daß Schloßß nachch innbuuwe mittn. Ich kinnte abber bij daem Maißder Diizemann gefrooge, aebb se daß schonn gemachchd hettn. Woaßß bläbb mich annerte äbberich. Ich gung nunn dohänn un fruug daen Maißder, aebb se daen Konntnraamn färrtich hättn. Daer saete, se hettn ungefaer värr ner Schtunne daen Konntnraamn bijn Ellektrikker gebroocht, daer mitte nuur nachch d Battrij un daen Schallter innbuuwe. Maißder Diizemann mainte nachch färr mich, daß dißß waejen daer Sichcherhait sij mitte, domeet kenne vunn eern Loonduutn värrloorn gett. Ich mußßne woll enn bißßjen unklaiwich aangegukket haa, abber haer mainte, daß hette oalleß sinne Ordnunk un daer oole Ekkart vunner Loonbuuchhaltunk säll sich blooß nitt sa haa, se breechdn schonn oalleß zur raechtn Ziit färrtich. Ich kinnte daen Konntnraamn bestimmet schonn bijm Mooler gelange, daer ne nuur nachch schtrichche sullte un daer domeet sichcher ae schonn färrtich äßß. Mich koom daß goanze koomisch veer, abber ich wullte j ae nitt kniipe un minnm Scheff Ekkart sae, daß daer Konntnraamn nachch nitt färrtich äßß, abber schonn bijm Mooler wärre. Ich oalso hänn bijn Mooler. Abber daem sinne Deer worr zu. Ich haa gekloppet un geruufn, abber nischt. Sa bläbb mich witter nischt äbberich, oalz oone daen Konntnraamn inne Loon-buuchhaltunk zerikke ze genn.

Wii ich nunn innz Biroo rinnkoomn, do gobbß enn krooßeß Gelaechder, abber daer Scheff mainte mett luudm Doone, daßße jeddzd oalle mool schtille sij mittn, haer willte daem Leerlink woaßß sae. Ich aante krait, daßße waejen mich lachchtn un krägg uff ennmool roode Oorn. Do fruug mich daer Scheff, aebb ich wißßte, woaßß enn Konntnraamn äßß, odder aebb ich schonn mool enn gesijn hätte. Uff disse Frooge kunnte ich nuur nä gesae. Druffe langete haer ußß sinnm Dischkaaßdn enn Heffder mett veeln vullgeschrämmnen Siidn, hull daen hoch und mainte, daß wärre daer Konntn-raamn vunner Babeerfabrik, donoo wörrte oalleß, woaßß hii inner Fabrik mett Gaelld ze duune hette, uffgeschrämmn. Haer ginge dovuune uuß, daß ich bij aemm kraade enne guude Leerschtunne hotte. Ich sillte nunn mett minnm Wißßn äbbern Konntnraamn enne guude Leere machche, dann kinnte uuß mich ae woaßß gewaere. Druffe hätte mich innn Orm genummn un oalle hann geklattscht.

Un wänn ich noo sa veeln Joorn zerikkedännke an domoolz, do hätt mich disse Leerschtunne äbbern Konntnraamn scheene schlau gemachchd, daß ich minne Leere no drij Joorn inner Priefunk mett Uußzaichnunk oabgeschliiße kunnte.

Imme enn Hoor äbberfaarn

Märtenz Gußdaff inner Schtruud
hette gaern vumm Froint Hannzjepp d Bruut.
Drimme luugß aemm maechdich ae im Sinne,
wiiß imme disse Liibschafft schtünne.

Un wii värrbij d Dannzmussik,
do sogg haer mett nemm Forscherblikk,
daß Hannzjepp, wii haer sich sa doochte,
daß Maechn ae ennhaime broochte.

Uffm Immewaeje luufe schnaell värruuß,
kroff ungern Waan un schpääte uuß.
daß Baerchn koom glichch hingerhaer
un gukkt sich imme kriddz un kwaer.

Schtatt daßße anne Hußßdeer genn
blämmn se schmuusend nunn am Waane schtenn.
Do kreelt Gußdaff in sinner Noot:
„Heert uff, sißßt faart dee mich nachch dood!"

Daer Trikk enneß Weggedarijerß

Zu Maalchn schprooch Anreeß vull Intraeßße:
„Ich kinnte dich sa uffgefraeßße,
daenn du bißßt woll minn beßßdeß Klikke!"
Dachch Maalchn gobb aemm druff zerikke:
„Enn Weggedarijer, daer därf daß klaube nitt,
ufff beßßde Flaisch haa Abpedidd!"
Un Anreeß schprooch: „Ich hoorte vunn Fraennzjen,
du wärreßt im Därfe ß schennßde Flaennzjen!"
Un enn Weggedarijer, sa wii ich,
därf dich värrnasche; daß machch ich glichch!"

D raine Woarhait

Enn Lanndschtraicher koom mool hänn bij Leene,
daß worr im Koppe nitt goanz schlau,
drimme brannteß aemm sa uff daer Seele;
daem deddschn Wiiwe goanz genau
n baar Leyjnschtorjen zu värrzeele.

Sa fung haer aan, värrzoolte Leenen,
woaßß haer gesijn sa inner Waellt,
vunn krooßn Schteedn un wunnerscheenen
Laenndern, Baerjen, Waelldern, Faelld,
sogoar vunn Bariiß, daem Goortn Eden.

Un Leene doochte, Bariiß, daß wäre
dachch ß Baradiiß im Hämmel oomne
un saet schnuurschtrakkß druff: „Ich heere,
dee woart krait im Baradiise oomne,
un soggt dii seelijn Kööre?

Do wißßt dee woll ae, wiiß daem Moor,
minnem eeßdn Manne, do sa gett.
Ich laebe schonn im drettn Joor
mettm zwaitn krait in Hußß un Bett,
sa schpärrt nunn wiid uff uur Oor.

Bijm zwaitn haa ichß nitt sa guud,
daer äßß Daag un Naacht am Kneetern,
daer hätt j allzu haißeß Bluud,
didd wii allwern luude zeetern,
schmißßt ß beßßde Aeßßn inne Kluud.

Minn Laebdagg waer ich nitt mee froo,
dachch frait sich minne Seele,
ae wänn ich truure daem eeßdn noo,
sa kunnt dee d Woarhait mich värrzeele,
wiiß minnem Moriddz gett do so."

Druff schprooch daer Mann: „Daen kenne ich,
daer laift do schplitternakket rimme,
daem gettz do oomn ärrbaermetlich;
daß äßß j woll daß schlimme,
d raine Woorhait jeddzt färr dich."

Do langte Leene safurrt liise
enn Sakk vull Sachchn, nachch wii nij,
schprooch, daß dii j nitt vull Liise,
gobb n guudeß Worrt daem Mann dobij:
„Bränngetz Moriddz nunn zum Baradiise!"

Daer Mann schprooch: „Jou, daß wäll ich machchn,
dee haad enn guudeß Waerk gedonn."
Haer mutte innerlich krait schrekklich lachchn,
un beveer sinn Lachchn een värrronn,
luufe waegg mettm goanzn Sakk vull Sachchn.

Do hotteß sich geärrt

Jußdiine, daß hotte enne Riisnschlaettn
un worr bij Jossepp enn mool Gaßßd.
Eß krägg do ß Maißde uff d Plattn,
dißß hätt Jußdiine raecht gebaßßt.

Bijm Aeßßn hoorte eß vunn Marije:
„Jossepp hätt dich woll sa mit Bedachchd,
wail haer dich wäll beschtimmt mool frijje,
daen Daelldr ae sa vull gemachchd.“

Jußdiine danket daem Jossepp seer
färr disse Uußsichchd und fraite sich.
Dachch Jossepp schprooch: „Jußdiine, heer,
in disser Sachchn doischßt d dich!

Ich wäll dinn Zartgefiel woll schoonn,
dachch daß deß waißt, fall nitt vumm Schtuul,
du kräggßd d kreßßde Borzijoon,
wail du j häßßt daß kreßßde Muul!“

Sonn daemischeß Dibpn

Goanz uffgeräät schtärzd Katterliise
bij sinn Mann hänn ußß daer Schinne
un schprooch: „Do äßß enn Naeßt vull Miise,
dii lään j schplitternakket drinne.
Do kreelt sinn Mann aemm luude innz Oor:
„Gee hänn un machch se oalle dood,
sißßt fraeßßn se unz nach Joor färr Joor
am Schlachchtewaerk un ae am Brood!“
Do schuddert sich daß Katterliißchn,

68

värreekelt fung eß aan z brummn:
„Oach hätt ich dachch daem ooln Miißchn
d Aijer värrhaer waegg genummn:"
Druff kreelt sinn Mann: „Du ooleß Dibpn,
jeddzt sij ich wärr, wii deddsch d bißßt.
Zu, nimm dich dinne Draekkschibpn
un schmißß ß goanze Naeßt hänn uffn Mißßt!"

Daer Bewaiß mußß bliiwe

Zwai Wiiwer zannktn sich wii dull
sa luude wiiß gung, wänn me sich schull.
Wii Seefe hott sinn Muul kraad uffgereßßn,
hätt aemm Vroonchn n Giileappl rinngeschmeßßn
un kreelt aemm zu: „Hollt ne blooß drinne,
daenn wii ich daen Bollezißdn kenne,
daer enn Brottokoll mußß machche,
mußße genau sij bij daer Sachche.
Nimmeßt de ussem Muule jeddzt daen Schaiß,
do faelt dich noochtern daer Bewaiß!"

Ennm geschänktn Guul, ...

Daer Härre krägg nenn Guul geschänket
un fruug sinn Napper, Buure Heßß,
daer sinnen Waeg kraad zu aemm länket,
wii oold sinn scheener Guul woll äßß.

Un Heßß hobb dodruff nunn daen Schwannz
vumm Guule hooch un gukkte drunger.

Do maint daer Härre, goar un goanz:
„Noomn Ooler fruug ich, nitt noomn Hunger!"

Heßß mainte: „Oach, Härr Farr, dee wißßt dooch,
daß me nunnmool ennem geschänktn Guul,
daen Schwannz am beßßdn heebet hooch,
abber niimoolz gukket aemm innz Muul."

D leddzde Rettunk värrm Klooßder

Frannsißka worr sa imm d drißßich
un hotte nachch kenn meetgekräyjen.
Drimme wullz innz Klooßder korz entschlißßich,
värrkaufde schnaell sinn Hußß un Zeyjen.

Dißß hoorte enn schonn faßßt bemooßder
ooler Borrsch vumm schaibmn Marrt.
Daer saete: „Dii säll nitt innz Klooßder,
dii wärrt gefrijjet! Druff minn Worrt!"

Do gung haer hänn, schprooch: „Oach, Frannsißchn,
gee dachch blooß nitt innz Klooßder rinn.
Ich haa dich gaerne, nitt nuur en bißßjen.
Ich frijje dich, schleßßt du nuur inn!"
Frannsißka schluug mett Fraiden inn
un saete färr daen Frijjemann:
„Krait lange hott ich dich im Sinn
un wull, daß mee sinn enn Geschpann!

Innz Klooßder gee ich jeddzt nii, nii!
Frijje mich dachch glichch im Aumnplikke,
daenn wänn enn Jeerchen äßß värrbij,
lääd inner Hoddzn unse Klikke!"

D beßßde Leesunk

Zaen Farrerß un enn junger Schtännz
sooßn zesammn in enner Konnferrännz.
Se wulltn do d Frooge klääre,
wii eß daenn aanzefangn wääre
dii Zaal vunn unejelichn Kinndrn
noo Meeglichkait dachch oabzeminndern.
Sait Joorn hottn se gesuucht wii ärre,
woaßß d beßßde Leesunk doozu wärre.
Do maellt sich dachch daer Schtännz, daer Nije:
„Goanz ainfach, wänn se värrhaer frijje!"

Saekß Frijekrinne

Dii enn frijjn imme d Moneetn,
dii annern imme enn scheeneß Gesichchd,
dii drettn goar ußß Liiweßneedn,
dii värrtn, wailz d Mudtr schprichcht,
dii fimfdn, saekßdn, dißß äßß daß Schlimme,
dii frijjn un wißßn nitt worimme!

D Wunnschfrijaate

Born Anndoon worr schonn äbber värrzich un hotte immer
nachch kenn Maechen. Enneß Daageß noom een sinn Voatr
innz Gebaed un schprooch: „Heer zu minn Junge, wänne
daen Hobb mool ärbe witt, do mußßde abber värrhaer
frijje. Am beßßdn nimm dich dachch ungerm Doore Anne-
liise, daß äßßn Schtrammeß." Druffe Anndoon: „Nää, daß

wäll ich nitt!" Un wii ässeß meet am Woaßßer Kreetchn?"
„Nää, daß wäll ich ae nitt!" „Un Griitnz Baerbechn?" „Nää,
daß ae nitt!" „Du krooßer Dagg, Junge, waen witte daenn?"
„Am libbeßdn nämme ich Schußßderß Wärrner!" „Daß
kimmet mich abber nitt infrooge, daer äßß j evangeelisch!"

Uffnhaerzich

Noo eerer Hochchzt, am fimfdn Dooge,
schtoolte Baula sinnm Gußdaff disse Frooge:
„Fimf Daage simme nunn värrfrijjet.
Schprichch, aebbß dich anne schonn gerijjet?"
„Oach nae" schprooch Gußdaff, „Ich bänn beklikket
un vumm Frijjen sa enndzikket,
daß ich klauwe, schtärweßde d krait morjen,
do gäbb ich nischt uff Liddeschtorjen
un wörrte oone loangeß Geklaage
glichch wärre frijje am naechßdn Daage!"

Nuur ennmool frijje

Enne Seele koom anne Hämmelzdeer.
Dachch Beetrußß luuße hii nitt veer
un weßß se vunn daer Hämmelzschwelln
zum ingeßdn Schtokkwaerk, inne Helln.

Dii Seele fleete Beetrußß aan:
„Oach, sigg dachch hidde mool humaan.
Ich hotte ungne j enn Drachchn,
ne beese Frauw un nischt ze lachchn.
Aebbwoll se krägg minn goanzeß Gaelld,
hotte ich d Helln krait uff dr Waellt
un Gelaejenhait, genunnk ze bießn.

72

Drimme gunne mich, jeddzt zu geniißn
d Hämmelzfraide eewichlich.
Oach, Beetrußß, oach ärrbarme dich!"

Sanngd Beetrußß knebp enn Auwe zu,
do fung dii Seele eere Ruu.
Dachch kaum worr disse därch d Deer,
do schtunn krait wärre enne veer.
Dachch Beetrußß schluug in oaller Ruu
d Deer aer värr daer Noasn zu.

Do hätt d Seele brodteßdeert:
„Wänn so err innen Hämmel feert,
daer nuur gehatt ne ainzije Frauw,
do machche ich jeddzt hii Radau,
biß daß daer liiwe Gott dißß heert,
daer mich dann rinnledd, ungeschteert.
Därch Schikksaal mutte ich effder frijje.
Ich hotte Frauwn somett drijje,
un oalle drijje worrn j Drachchn,
bij kerr, do hott ich woaßß z lachchn.
Drimme wäll ae ich innz Hämmelzzaellt,
daenn ich hotte d Helln krait uff dr Waellt!"

Dachch Beetrußß schprooch aemm dißß Edikt:
„Waer drijmool frijjet, daer äßß värrrikkt.
Minn Scheff schprichcht ae nuur nenn ainzijen Saddz:
Färr Narrn äßß hii oomn oabseluut kenn Pladdz!"

Enn lange gehutteß Gehaimnißß

Mittlmillderß Ingenaaz wullte gaerne Mooler waere. Waile
abber mett daen Farmn nitt zeraechchte koom, äßße Muur
geworrn un hätt immer uußwärrtz geoarwaitet. Do hätte

dann ae n Maechn kenngelaernt un dißß gefrijjet. Wii se nunn krait boole zwannzich Joore värrfrijjet worrn, do koomn se mool bijm Flaeschjen Wiin wärre innz Geschprääch. Mainte haer: „Du, woaßß ich dich schonn immer sae wullte, mich abber nitt getruubet haa – ich bänn naemmlich farmnblinnd!" Schprichcht sinne Frauw: „Oach, Ingenaaz, daß machcht mich nischt, daenn ich mußß dich ae woaßß värrroode – ich schtamme naemmlich nitt uuß Gootaa, sonnern uuß Gaana!"

ß Gaelld worr sinne Liibe

Frannz-Jossepp koom no Märtefaelld
un siechte do ne Frauw mett Gaelld.
Sinn Plaan daer worr ae schnaell gelungn,
daenn haer hotte sinnen Traum gefungn,
enn richcheß Maechn rannk un schlannk,
daß sooß värrm Huuse uff dr Bannk.

Daß gunk soglichch uff ennen Schprunk
wohänn daer Waeg zum Kliißchn gung.
Do muttn se nunn ae äbbern Kraamn
mettm Haufn dikkn Schlamm donaemn
un ae nachch enne Woaßßerfiddzn
in daer goanz dikke Fresche siddzn.

Frannz-Jossepp schmuußte: „Minn Ängel sieße,
du sätt nitt krijje draekksche Fieße,
ich wäll dich scheene dräwwer heebe
äbber dii Gefaarnschteede."
Värr Fraide juchzt daß Maechn uff,
gobb aemm enn Kißßjen oomnedruff.

Noodaem saekß Wochchn se värrfrijjet,
do hättz Frannz-Jossepp krait gerijjet,
wail haer kenn Gaelld doozu gekräyjen
un nuur ne oole därre Zeyjen,
anschtatt värrschprochchner Dinnsekuu.
Do koom Frannz-Jossepp ußß daer Ruu.

Dii junge Frauw aemm nischt mee gull.
Haer brummete eer d Oorn vull
un gung noomn Suff un ennem Koater
uffß kraade Wool zum Schwejjervoatr
un schtellte sinne Ängelzfrauw
värr dissn hänn, fronndaal genau.

Frannz-Jossepp värrlankte vunn aemm Gaelld,
sißßt mitte haer nachch inne Waellt,
imme sich daenn do woaßß z värrdiine.
Dachch dr Schwejjervoatr machchte kenne Miine,
daem Aidamm ae nachch Gaelld ze gae,
haer schettelte mettm Kopp un saete: „Nae!"

Druff knallte Frannz-Jossepp d Deere zu,
luuf furrt un kreelte: „Du oole Kuu,
blibb hii bij dissm Giddzhoallz nuur,
daer mich värrsaute minne Duur.
D Frauw, dii gaakte looß in Iile
un schprooch: „ß Gaelld worr sinne Liiwe."

ß kreßßde Gehaimnißß

Schniiderß Jossepp hotte immer sinne Malaeßßn mett sirr Frauw. Sinn Froind Jußßdußß, daer Farr geworrn worr, koom mool zu Besuuch un do klaate aemm Jossepp sinne Noot. Haer saete: „Waißte, Jußßdußß, ich kumme ainfachch mett mirr Frauw nitt richdich klaar. Ich wißßte zugaerne, woaßß aemm sa in sinnm Koppe rimmegett. Ich haa abber kenne Leesunk dofeer, kannzt du mich daenn do mool geroode, wii ich beßßer mett aemm zeraechte kumme?" Schprichcht Jußßdußß: „Jach, minn Guuder, do kann ich dich woll ae nitt gehaelfe. Ich klauwe, daß ich d Hailichßde Drijfalldichkait lichchter bekriffe, oalz dinne Frauw. Ich dännke, ne Frauw bliiwet woll immer ß kreßßde Gehaimnißß."

Meetgiffd färr d Eewichkait

Gärrda un Karrelhainz worrn ae schonn äbber drißßich Joore värrfrijjet. Wiiß sa äßß, Karrelhainz worrte schweer krank un se aantn, daßße woll schtaerbe mitte. Do riif haer Gärrda annz Schtaerbebette un schprooch färrß: „Heer zu! Du mußßt mich jeddzt värrschpraechche, daß de mich noo minnm Doode hunnertdousend (100.000) Oiro oalz Meetgiffd färr d lange Eewichkait im Sarje meetgißßt." Dißß hätt Gärrda aemm dann ae värrschprochchn. Wii Karrelhainz nunn dood worr un sinn Sark inne Kruuwe rungergelooßn worr un dr Farr een daen leddzdn Saejen gegaenn hotte, gung Gärrda annz Kraab, machchte sinne Hanntdaschn uff, noom enn krooßeß Kuweer ruuß un worf dißß uff daen Sark mett Karrelhainz. Gärrda hotte sinner Froindin Isollde vunn daem Värrschpraechchn värrzoolt un disse rannte nunn Gärrda am Kraabe aan un mainte: „Abber Gärrda, bißßte daenn värrrikket un gißßt dimm Manne hunnertdousend (100.000) Oiro meet?" Druffe Gärrda: „Rägg dich nitt uff, ich haa aemm ennen Schäkk geschrämmn."

Hii wärrt nitt rimmgekroffn

Im Aikßfaelle fruug ennmool goanz direkt
enn Mann uuß Drääßdn in sinnm Dialekt
im Gaßßdhoobe „Zur Traube" heeflich noo,
woaßß sich aanhoorte etwa so:
„Ach, verehrtes Fräulein Mariechen,
kann ich bei Ihnen denn hier Rum kriechen?"

Daer Wärrt, daer zappte kraad vumm Faßß
färr sinne Geßßde eedleß Naßß
un schnauzde: „Woaßß dee hii wullt, kimmt nitt in Frooge,
wail daß hii hinne kenne Moode.
Drimme äßß färr uchch ae nischt z hoffen,
bij unz hii wärrt nitt rimmgekroffn!"

Enne Radtikaalkuur

Michchl gunk bij Doktr Bußße.
Haer klaate: „Ich hool ß j nitt mee ußße.
Im Liibe haa ich hellsche Schmärzn,
mich faelt d Lufft, eß drikkt am Haerzn,
im raechtn Auwe haa ich ß Bliddzn,
mich kniipedz im Oorsche, ae bijm Siddzn!"

Zwellf Billn krägg haer druff värrschrämmn,
domett d Krankte wärrd värrträmmn.
Nuur enne am Daage sälle naeme sich,
un sinn se oalle, sälle glichch
bijn Doktr dann a wärre kummn,
wänn oalle Billn haer genummn.

Michchl koom am drettn Daage krait
hänn bijn Doktr, gobb aemm Beschaid:
„D Billn worrn briima, Härr Doktr, und
ich bänn j wärre goanz gesunnt.
Uff ennmool haa ich se geschlukket,
haa wärre Lufft, kenn Auwe zukket!"

Doktr Bußße fruug: „Minn liiwer Mann,
wii offd muttet de zum Schtuule daenn?"
„Nuur zwaimool worr ich do uff Akße!"
„Woaßß, de wullt mich woll värrklappße,
nuur zwaimool un schonn uußgekuurt?
Wii lange hätt daenn sonn Gannk geduurt?"

Un Michchl schprooch: „Ouw, zeemlich lange.
Ich sooß bijm oallereeßdn Gannge
vunn morjenz saekß bißß hallb zwellf Uur
un bij daer zwaitn krooßn Duur
vunn mettdaggß zwellwe bißß hidde friej
sa gaejen sämmne, dann worrß värrbij."

Kenn Äbbernaachdunkßgaelld

Deß morjenz schprooch daer Haendler Friddze
zur Wärrtzfrauw: „Ich haa d Naacht nitt uffm Riddze,
sonnern uffm doodn Floo gelaen.
Dräwwer bezaal ich nitt färr oaller Waellt
doveer nachh Äbbernaachdunkßgaelld."

D Wärrtzfrauw schprooch: „Minn liiwer Mann,
heert minne Mainunk doozu ann:
Dee muut d Raechnunk schonn bezaale!
Daenn enn dooder Floo, daer bißßt nitt mee,
eß bißßn nuur lewaendije Flee!"

„Ach, jou, wärreß nuur daer doode Floo;
hette ich geschloofn feßßd un froo,
dann willt ich uchch j woll bezaale!
Dachch koomn zu sinnm Bekrebbnißße sicher
nachch dousend goanz lewaendije Viicher!

Disse Baißter nunn, dii beßßn mich
am goanzn Ballje firchterlich,
daß kann ich uchch ae veergewiise.
Ich kunnt geschloofe kenn Aumnplikk,
drimme bezaale ich d Äbbernaachdunk nitt!“

D Donnenuur

Profaeßßer Schlau koom mool uffß Lannd
un fruug daen ooln Hillebrannd:
„Wie wissen denn die Bauern nur
die Tageszeit? Denn wenn man sie fragt,
hat keiner von ihnen eine Uhr.“

„Me hann im Därf zwoar kenn WC,
dachch Donnenuurn imme sa mee!“,
sa fung daer Oole aan z schtorjen.
„Minn Dönnchn äßß zum Baischpiil vull
Bunnkd aachte, jedn Morjen!“

„Un disse Uur, Profaeßßer Schlau,
gett a daß goanze Joor genau,
dißß wißßn oalle Kinndchn.
Nuur im Härbeßte zur Kwidtschnziit,
do laift se veer enn Schtinndchn!“

Deß Guudn zeveele

Bijm Farrn hotte Schniiderß Hainrich
färr dissn n Haufn Hollz gehakket.
Dr Farr lankte een zum Mettdaggßdisch,
wail Hainrich sich hätt sa oabgeplakket.

Eeßd ooß Hainrich d Aerweßßnsoppn,
mett ungefaer sann Finndchn Schpaekk.
Dann ooß haer vunner Källberbloosn
sa annerthallwe Funne waegg.

Wii uffm Dische daem hallmn Schinkn,
nunn Hainrich nachch zu Liiwe gung,
dodd aemm dr Farr dachch värrklinkn
mett farrlich guuder Mäßigunk:

„Vunn Haerzn gunn ich uchch j ß Aeßßn,
ich sogg uchch mett Värrkniegn zu.
Dachch deß Guudn kamme ae indaeßßn,
manchmool ae zeveel geduu."

Do saete Hainrich: „Beßßder Farr, ußßer ß Trinnkn
wikkelt daenn inn, woaßß do nachch lääd.
Sowoll d Woßßt wii ae daen Schinkn
naem gaern ich färr d Oolsche meet."

Woaßß me morjenz zeeeßte machcht

Kaplaan Haase hätt daen Kinndrn gesaet,
daßße schpraechche sunn morjenz un oobedz enn Gebaed.
Donoo wullte haer vunn eenen heere,
woaßße hann värrschtenn vunn sinner Leere.

Sinn Plikk, daer schwaifde d Rijen lank,
do sogg haer Jochchn inner Bannk.

Haer fruug een glichch: „Wenn du erwachst,
was ist das Erste, das du machst?"
Un Jochchn gobb zur Andworrt glichch:
„Härr Kaplaan, daß gett immer so bij mich.
Ich schtijje uff ne hohe Kißdn
un schtrill därchß Faenßder uff d Mißßdn!"

Enn kloarer Hännwiiß

Hannz äßß enn dichchdijer Friseer,
haer buuwet jeddzt sinn Loadn imme,
Blakaate krooß, sa Schtikker veer,
dii klaewete haer am Huuse rimme.
Dodruffe schtunn, värr oalln Dingn
in rooder Schriffd geschrämmn goanz krooß:
Ich raseere jeddzt d Maennder hingn,
daenn vorne äßß daer Draekk zu krooß!

Daer Priefunkßraim

Daer Schulleer fruug zur Priefunkschtunne
Hannz-Jossepp, aebb haer mettm Munne
enn Raim uff Soda kinnt gemachche,
haer säll sich ißßere zu disser Sachche.
Hannz-Jossepp schprooch: „Jou, baßßd mool uff,
ich haa enn scheenn Raim krait druff.
Vumm Aeßßn bij unz dahaime,
do wäll ich daen mool raime."

Druff lankte haer Oddn richdich diif,
beveer haer inne Klaßße riif:
„Minn Voatr äßß uuß Makknroda,
haer ißßt d Woßßt un ß Flaisch unz waegg.
Me Kinndr siddzn dann oalle so da,
hann nuur Katuffel oone Schpaekk!

Gaißdije Naarunk

Daer Schulleer fruug Mariichn Heßß,
aebb eß wißßte, woaßß gaißdije Naarunk äßß
un krägg d Andworrt in oaller Kärze:
„In eeßder Linnje Nunnefärze!"

Enne kluuge Andworrt

Daer Farrer freeget Adlhaid
worimme me mett Beschaidnhait
bijm Voaterunser inner Mittn
immeß dääglich Brood sa feßßde bittn.
Do schprooch daß Maechen: „Jeesußß wäll,
daß unz kenn Brood värrschemmele säll!"

Eeßd n Drilling, dann Drillinge

Ferßder Kochch uuß daer Scheenau
winnschde sich n Drilling vunn sirr Frauw.
Disse worr vunn Huuse zeemlich richch
un saete: „Jou, daen schänk ich dich!"

82

Wii haer schpeeter koom vunner Jachcht zerikke,
begaent aemm d Heewamme uff dr Brikke
un schprichcht: „Daß häßßd beschtimmt du nitt gedoocht,
ich haa uchch Drillinge kraad gebroocht!

Daer Ferßder full faßßt imm värr Schrekkn,
dachch haer schtiddzt sich uff sinnen Schtekkn
un saete: „Frauw, wänn dee mich nitt värrkoolt,
hette ne annere Bikkßn ich mich beschtoolt!“

Daer Sunndaggßjaejer

Enn Sunndaggßjaejer sogg im Kraase,
daß värr aemm luug enn ooler Haase.
Haer saet aemm broddzich in daer Sachche:
„Jeddzt kannzde ß Deßdamennt gemachche.“
Druff luug haer aan goanz unverdroßßn,
hätt zwaimool klaad värrbijgeschoßßn.

Jedochch behaubdet haer goanz zääje,
daer Haase läjje inner Nääje.
Wii haer sa schrett in disse Richchdunk,
do koom dr oole Ferßder ußß daer Lichchdunk
un saete: Heer mool zu, minn liiwer Makß,
oalz Jaejer bißde nachch enn Dakkß.“

Haer schprooch zu aemm dann ae nachch witter:
„Wänne nitt triffßd, daß äßß schonn bitter.
Abber wail daer Haase hoorte dinne Sachche,
daßße sinn Deßdamännt sull machche,
do äßße gerannt, daß äßß dachch kloar,
sa schnaell haer kunnte zum Nodaar!“

Enn guudeß Trinnkgaelld

Märtn luug mool schtinkbesoffn,
wii vunn ennem Schlaag getroffn,
bingerm Därfe sa im Schosseekraamn,
daßße Angeßd hottn imm sinn Laemn.

Do koom sinn Napper Jorrch värrbij
un hobb ne uff mett krooßer Miej,
luug ne uffn Waan, troddz Schpetterschau
un broocht ne hänn dann zur sirr Frauw.

Daen fällijn Fuurloon hotte
Märtenz Frauw bezaalt, dii Lotte,
oalz Trinnkgaelld färr sinn guudeß Waerk,
daem Napper Jorrch mett enner Mark.

Do saete Jorrch: „Oach, liiwe Frauw,
beholltz nuur, daenn sißßt giddz Radau,
wänn daem Märtn ichß värrzeele,
do gaed dee mich j veel ze veele!"

Druff woannte Lotte abber inn:
„Nimmß nuur, ß äßß minn feßßder Sinn,
daß ich duu, woaßß sich geheert.
Drimm hanndele ich ae nitt värrkeert.

Ußßerdaem giddz kenn Geroisch,
wänn ich bijm Finndchn Schwiineflaisch,
daem Borrschn, daer ß mich brännnt,
enn Kroschn haa j ae geschänkt.

Drimme äßß färr dinn Gekweele
ß Trinnkgaelld nitt zeveele,
daenn wärrt mich nunn, wii ich gedoocht,
enn goanzeß Schwiin innz Hußß gebroocht."

Nachch inner Schpuur

In Hailjenschtaadt am Oßtbaanhobb
do waetterte enn Rapplkopp
mool wärre hellsch mett sinnm Guule
un schull een luude schtinkefuule
un klobptne doobij värr d Bläßß,
waile aemm im Dinnsn ze langsam äßß.

Haer waetterte un raechde sich
mett beesn Worrtn firchterlich
un schull daen Guul: „Du deddscher Oßße,
du värrdammder ooler Oßße!"
Daer Guul wiiherte oalz Antworrt druff
un krägg dofeer mett dr Fuußt ennn Buff.

Enn Maechn sogg un hoorte dißß
un schprooch zum Mann: „Siid nuur gewißß,
daer Guul daer dännkt im Koppe drinne,
daer Mann, daer äßß nitt goanz bij Sinne,
villichchd äßß haer enn ooler Schneesl,
abber sichcherlich enn dummer Eesl.

Un wärre daer Guul hii wärklich fuul,
schillt me mett *Oßße* dachch kennn Guul!"
Dodruff daer Mann entschulldicht sich:
„Dißß äßß sa ainfach nitt färr mich,
daenn ich hotte friejer Oßßn nuur
un bänn dohaer nachch inner Schpuur."

Enn raineß Lotterijschpeel

Wii me noo daer Friidlichn Räwweludzijoon nunn ae ain-fachch so anne Oßßdsee innen Uurlaub gefaare kunnte, do hann sich ae drij Junkgeselln dohänn uffgemachcht. Eedi, Horßd un Ginter worrn krait sait eerer Schuulziid un-zerrtrennliche Frinne. Woaßße sa feßßde zesammnhull, woor, daßße oalle drij geschtottert hann, abber see koomn domeet goanz guud zeraechte. So sinn se dann jednfallz mool hebbsch am Schtranne lank gelaufn un soggn uff ennmool enn wunnderscheeneß Maechn uff se zukumme. Do mainte Eedi: „Oo-o-oo! D-daß ä-ä-äßß a-abber h-hebbscheß Ma-mae-chn! M-mett d-daem w-w-örrte ich g-g-gaern m-mool n I-i-ißß la-laekke!" Druffe saete Horßd: „U-un i-iche, wö-wö-wörrte ne-ne sche-scheene Fl-flaschn Wi-wi-wiin m-mett a-aemm tr-trinke." Abber Ginter mainte donoo: „Un i-ich, i-ch ma-ma-machchde g-g-goanz w-w-woaßß a-a-annerte me-me-mett a-a-aemm!"

Dißß hätt daß Maechn oalleß meetgehoort un mainte färr d Junkß: „Gut, wenn einer von euch mir eines von den neuen Bundesländern nennt ohne dabei zu stottern, dann kann er das mit mir machen, was er eben gesagt hat."

Oalle drijjn gukktn sich aan, abber Eedi luug safurrt looß: „Tü-Tü-Türingen!" Abber ß Maechn lachchte nuur korz un gukkde uff Horßd. Daer langete diif Oddn un mainte: „Me-Me-Meckl-länn-bo-bork Vo-Vo-Vor-bo-bommern!" Abber ß Maechn hätt wärre nuur gelachcht un uff Ginter gewessn. Daer hätt wiin Maikaefer eeßd gebummbpt, dann luug haer looß: „Sachsen!" ß Maechn krägg krooße Aumn, abber Ginter mainte nachch „A-A-A-Anha-halt!"

Druffe mainte daß Maechn: „Schade, keiner von euch hatte einen richtigen Treffer!"

Ne Aanschaffunk färrn Aijenbedarf

Baekkerß Lissebettchn worr nitt värrfrijjet un laewete
schonn veele Joore oallaine in sinnm ooln Huuse binger
daer Schmänn. Wiiß aelder worr, hotteß nunn ae mett sinn
Knochchn z duune un ß Waschn full aemm immer schweerer.
Sa koomß enneß Daageß inne Schtaadt un gung hänn bijß
Oironikß Zennter un fruug noo ner Woaschmaschiinn. Daer
Värrkaifer weßß aemm enn krooßeß Aangeboot un eßß
mainte: „Jou, wänn ich mich nunn sonn Dink kaufe, do sällz
abber ae oalleß machche, woaßß needich äßß, oallso wasche
un ae trijje." „O, da können Sie eine vollautomatische
Waschmaschine bekommen!", mainte daer Värrkaifer.
„Kamme sich daenn uff daß Dink ae oabseluut värrlooße?",
wullte Lissebettchn nachch wißße. „Aber gewiss, verehrte
Dame. Alles funktioniert in einem Waschgang, also alles
schmutzig hinein und blütenweiß und trocken wieder her-
aus. Das geht auch ganz einfach. Sie wählen das Programm,
drücken auf den Knopf und schon geht es los und es kann
nichts schiefgehen." Un Lissebettchn mainte: „Un do haa ich
nachch ne Frooge. Kamme daenn daß Dink ae färrn Aijen-
bedarf genaeme?" „Aber selbstverständlich, liebe Frau. Sie
können den Waschautomat sicher auch für andere nehmen,
aber ich denke, dass er in erster Linie für Ihren Eigenbedarf
bestens geeignet ist."

Wii nunn d Woaschmaschiinn vunn zwai Maenndern ge-
broocht worrte, fruugn se Lissebettchn: „Wohin sollen wir
Ihnen denn die Waschmaschine stellen?" Lissebettchn
mainte: „Oach, schtellt se mich dachch glichch inne Kammer
naemn minnm Bette hänn." Se gukketn Lissebettchn deddsch aan,
abber wailz een d Kammerdeer uffgemachcht hotte, hann

se daß Dink dohänn geschtoolt, gommn aer d Gebruch-chßaanlaitunk un schonn worrn se zur Deer rußß un furrt.

Nunn hättz sich daß Dink nachchmool richdich aangegukket und mainte: „Oach, ich klauwe, ich brobeerß glichch mool uuß." Druffe schtukkdeß daen Schtekker inne Schtekk-doosn un mainte nachch: „Oach, ich bänn froo, daß ich ne krooße Maschiinn genummn haa, do äßß sicher geniejend Pladdz drinne. Daer Värrkaifer hätt j gesaet, daßßeß färrn Aijenbedarf genau ß richdije wärre." Druffe zoggß sich uuß un klaetterte inne Maschiinn. Abber wiiß ändlich sa drinne worr, koomß aemm dachch zeemlich änge veer. ß kniipete un drukkde aemm äwweroall un sinne Baine mutteß hellsch duune aan sich zii un sinne Prußßd klemmede mank sinnn Kniin. Troddz oalledaem doochteß: „Oach, daß machcht nischt. Ich bruchche mich j nunn saelwer nitt mee z woaschn, sogoar n Hanntduuch bruchche ich nitt mee, do loont sich dachch disse klaine Kweelerij. Un woaßß hotte daer Värrkaifer färr mich gesaet? Schmuddzich rinn un blietnwißß un trijje wärre ruuß, daß gett oalleß vull audtomaatisch."

Dann mutteß sich eeßdmool d Knippe aangukke un ß Brokramm innschtelle. Abber dißß worr goarnitt so ainfach, daenn eßß kunnte entwedder nuur sinn Kopp odder enn Orm ruußgeschtrekke. Oalso krabbelteß nachch mool ruuß, gukkete sich oalleß genau aan, dreete daen Demm-peraduurknupp uff aachtndrißßich Kraad un ß Brokramm uff Haubtwesche. Goanz raechtz luug daer Schtarrdknupp. „Daen mußß ich zeleddzde drikke.", schproochß luude färr sich hänn un klaetterte wärre inne Maschiinn. Dißßmool gungß beßßer, wailz j nunn wußßte, wiiß sinne Knochchn zeraechtrikke mutte.

Wiiß nunn drinne worr, fummelteß mett dr raechtn Hannt no daem Schtarrdknupp un drikkde druff. Kaum worr dißß baßßeert un eßß hotte sinnn Orm drinne un d Deer zugezoggn, gungß ae schonn looß. Äwweroall koomß Woaßßer haer un schpriddzde sogoar dohänn, wo eßß dißß goarnitt hänn haa wullte. Korz druffe dreete sich d Trummel wii värrrikket un eßß mainte, eßß seeße im Karresaell. In sinnm goanzn Laemn worrß nachch kennmool sa rimmegeschlikkert worrn. ß Kiimßde worr, daßßeß mettm Koppe mool no ungne unger Woaßßer worr un dann wärre oomne anne Trummel knallte. Dobij schluugn aemm sinne Knii anne Kinnloadn, sinne Prußßd drukkde uff d Noasn un sinne Fieße hotteß im Kriddze. Dann hängetz wärre koppäwwer noo ungne un druffe schteddz schnuurschtrakkß noo oomn. Imme sich rimme worr nunn lutter Schuum, daer drikkde ungewullt in oalle Lechcher rinn. Dodräwwer worrß goanz värrduddzt un doochte: „Hailje Marija Mudtrgotteß, so raine haa ich mich minn goanze Laemn nachch kennmool gewaschn." Un dann kreelteß: „Hillfe! Hillfe! Eßß raicht! ß äßß genunnk! Abber kerr kunnteß geheere un d Maschiinn machchte witter, wailz Brogramm j nachch nitt z Änge worr. ß worrt aemm Hämmelangeßt, sinn Maan dreete sich un sinne Bloosn worrte pleddzlich leer, wofeer eßß sich färr sich saelwer schaemte.

Druffe schtobpte daß Dink pleddzlich un ß Woaßßer luuf oab. Zum Klikke hunngß jeddzt nitt koppunger inner Trummel un ß kunnte ae wärre richdich Lufft gelange. D Trummel schaukelde nachch sachchde hänn un haer, woaßß aemm no daer goanzn Trakduur goanz aangenaem worr. Dach uff ennmool worrteß wärre unvärrhoffd därjennadr geschettelt. Dann dreete sich d Trummel wärre wii allwern, daß Lissebettchn mool koppunger un dann wärre mettm Kopp no oomne worr, nuur daß dißßmool Gottzaidank kenn Woaßßer drinne worr. Abber dann krägg eßß wärre n Schrekk, daenn d Trummel hotte pleddzlich sonn Dämmpo druffe, daßßeß mainte, ß seeße inner Moondßrakeetn drinne. Dachch dann worrteß wärre langsamer un uff ennmool bläbb d Trummel schteene.

Glichch donoo drikkdeß gaejen d Deer un klaetterte ruuß. Wiiß nunn so värr daer Woaschmaschiinn schtunn soggß sich im krooßn Schpiegel vunn sinnm Schranke un krägg n krooßn Schrekk. ß worr naemmlich äwweroall schneewißß un forddzdrijje, sogoar d Kriemel mank sinnn Zeenn worrn waegg. Un ß mainte, sinne Baine wärrn oab-gehakket, wailz dodrinne kaum nachchn Gefiel hotte. Lisse-bettchn värrschtunn d Waellt nitt mee un mainte: „Ich mitte blooß mool wißße, woaßß daer Värrkaifer unger Aijenbe-darf värrschtenn hätt. Färr mich schtett jednfallz feßßd, daß ich wärre minn Hanntduuch un minn ooln Woasch-labpn naeme. In disseß Eekeldink vunn Woaschmaschiinn säll sich rinnsiddze waer wäll. Ich jednfallz wasche mich wärre saelwer.

Wiinaachtn gerettet

D Kinner muttn inner Schuule n Uffsaddz äbber Wiinaachtn Schriibe. Uffm Dimmpl Friidl hätt do äbber enne Trageedije geschrämmn, dii bij eenen inner Wiinaachtz-wochchn baßßeert worr. Un dißß äßß in sinnm Uffsaddz ze laesn:

Leddzde Wiinaachtn worrß bij unz so, daß me nitt wußßtn, aebb me Hailich Oomnd uff Hailich Oomnd gefiijere kunntn. Dißß hotte enn ungeweenlichn Krunnd. Unse Kribpchn äßß naemmlich enn Mordzabparaat un deßwaejen ae hellsch schweer. Jedeß Joor worrß enne Kweelerij, biß me daß Dink vunn ungne ußßem Kaelldr no oomne inne drette Etaaschn ruff geschleppt hann. Un disseß Joor, zwai Daage färr hailich Oomnd, hottn me daen Salaat.

Me gungn glichch noom Kaffee oallemann runger innn Kaelldr, wo ß Kribpchn oomne uffm Schranke mett daem goanzn Ingemachchtn schtunn. Mudtr mutte uff ne Epplkißdn un Voatr uff d Kolln klaettere, domeet se äbberhaubt annz Kribpchn gekumme kunntn. Ich mutte ungne schtee bliiwe un „Haurukk!" sae, domeet se ß Kribpchn scheene glichchmaeßich rungergehiife kunntn.

Wiiß dr Deijwel wull, äßß daer Kollnhaufn innz Ruddschn gekummn un Voatr luug längelank dodruffe un kunnte dräbber nitt mee annz Kribpchn gefaßße. Nunn luug pleddzlich d Värrantworrdunk färr daen goanzn Schtoall vunn Beetlehemm mett oall daen Liddn, daen Schoofn, daem Oßßn, daem Eesl un ae daen hailjen Drij Kennjen bij mirr Mudtr oallaine. Dißß worr ze veele färr se. Se full mett daem goanzn Schlamaßßl imme un hunng kwaer inner Epplkißdn, ß Braed mett daem Kribpchn hunng aer schaib im Genikke un se schull wiin Roorschpaddz looß: „Mann, Jossepp, ich haa dich schonn drißßich mool gesaet, du sätt värr d Kolln enn Braed machche! Jeddzt hamme daen Salaat! ß faelte nuur nachch, daß ich mich d Knochchn braechche!" Druffe muttn me goanz scheene wärrje, biß me d Kribpn, Mudtr un d Lidde mett daem goanzn Viizigg wärre uuß daer Epplkißdn ruuß hottn. Enn Klikke, daß Mudtr blooß n baar Schrammn hotte, abber daer Schtoall vunn Beetlehemm worr zeemlich meetgenummn. Dii Siidn, wo d Raufn färrn Oßßn worr, worr dodaal im Emmer. Un uußgeraechnet vunn daem ainzijen Härrtn worr ae nachch dr Kopp oab un wii vunner Aerdn värrschwunn. Me maintn, dr Kopp läjje mank daen

Eppln un hann nunn d drij Zaenntner Eppl zwaimool därchgewuult, daen Kopp abber nitt gefungn.

Un do gungß Ballaawer abber eeßd richdich looß. Voatr mainte: „Ne Kribpn nuur mett Schoofn oone Härrte, daß gett nitt, daß äßß gaejen d Traddizijoon. Un ennn Härrtn mett oone Kopp bijm Krißdkinne, daß gett schonn mool goarnitt. Un ennn nuumn Härrtn aanschaffe, daß gett ae nitt mee, wail j d Figuur uuß Gibbß äßß un sowoaß krijjn me nitt mee, ae nitt inner Schtaadt bij Weddzelß." Un Mudtr druffe: „Jou, wämme kennn Härrtn krijjn, do krijjn me dachch eeßd raecht ae nitt ennn Kopp dofeer." Ich haa dann daen Veerschlagg gemachchd, daß me aemn ß Kribpchn blooß mett daem Viizigg oone Härrtn uffschtelln. Do äßß abber Mudtr looßgegenn: „Daß äßß mool wärre diepisch d Juugnd vunn hidde. Kenne Aanunk vunn Akkerbau un Viizuchcht, abber zaenmool schlauer oalz dinn Kroßßvoatr! Schoofe oone Härrte, wii säll daenn daß gee, dii genn dachch mannd uff un dovuune! D Kribpn mußß schonn aecht uußsij, sißßt ässeß j ne Belaidijunk färrß Krißdkinnt!"

Druffe mainte Voatr: „Oach, dann kebpn me aemn ennn vunn daen hailjen Drij Kennjen un siddzn daem Härrtn daen Kopp uff. Me kunn j daenn am zwaitn Wiinaachtzdaage nachchmool im Kaelldr noo daem Koppe gesieche. Wämme daen fingn, dann duuschn me daen Kopp vumm Kennik wärre zerikke un daer Härrte krijjet wärre sinn druff." Abber Mudtr mainte: „Nä, nä, daß gett abber goanz un goar nitt, wail dachch daer Kennik enne Kroone uffm Koppe hätt un enn Härrte meet enner Kroone uffm Koppe, daß äßß allwern un unsozijal." Voatr saet abber: „Daß äßß äwwerhaubt nitt schlimm. Me naemn Schmirrjlbabeer un schmirrjln vunn daem Kennikßkoppe d Kroone waegg, dann hätt aemn daer Härrte mett daem Kennikßkoppe ne Kladdzn.

92

Mudter hotte troddzdaem eere Bedänkn un mainte: „Un woaßß baßßeert, wämme inner Epplkißdn daen Kopp vumm Härrtn wärre fingn un daer Kennik sinn Kopp oone Kroone wärre druff krijje säll?" „Daß äßß natierlich enn Brobbleem!", mainte Voatr. Joseefa, minne klaine Schwaeßder hotte ne Idee un mainte: „Me kunn dachch daem Kennik enne Kroone uuß Lametta gemachche un uff daen Kladdzkopp geklaewe!"

Disse Idee worr guud un mee hann unz glichch annz Waerk gemachchd. Enne bingeliche Oarwait worr dißß, abber me hottn domeet unse Brobbleem. Jedeßmool, wänn d Schtommndeer uffgung, gobbß enn Därchzugg un do flogg daem Kennik daß goanze Lametta uuß daer Kroone vunn daer klaadn Kladdzn, wail daer Klaeber daß Lamettazigg uff daem blankn Gibbße nitt hull. Nunn worrte Voatr abber suur un saete: „ß wärrt nitt eer bij unz Hailich Oomnd gefiijert, biß daß Brobbleem mett daem Koppe geleeßt äßß!" Do koom Mudtr abber in Rasche un saete: „Minn liiwer Jossepp, wämme unz dobij uff dich värrlooßn, simme värrlooßn. Mett dinn zwai linkn Hänngn wärrt daß woll nischt waere. Du krijjeßt dachch d kaputte Kribpn, dii minn Bruudr Krißdoffl gebuuwet hätt, ae nitt wärre hänn. Waißde woaßß, mee schtelln disseß Joor nuur d hailje Famillje, Oßße un Eesl un dann schpeeter d hailjen Drij Kennje uff, do hamme daß wichdigße, woaßß z Wiinaacht geheert, bij unz inner Schtommn un mee kunn in Friidn Wiinaachtn gefiere."

Mett disser Botschafft hotte Mudtr unz oalln klaar gemachchd, daß me ae oone Härrtn, Schoofe un Hunne Wiinaachtn gefiere kunn. Domeet worr Wiinaachtn bij unz in leddzder Minuutn gerettet.

Gollne Reegln färr Ränntner

De liimn Ränntner, nunn schpiddzt uure Oorn.
Änschulldijunk, hidde saet me j Sennjoorn!
Egaal, troddz oalledaem gae ich uchch hidde
enn baar gollne Reegln färr Ränntner-Lidde.

Heert uff, äwwer uure Krankhaitn z schtorjn,
ae wänn se uchch blaagn bijm Uffschteen am Morjn.
Enn bißßjen Roima, enn schlaechdeß Geheer,
uure Knochchn sinn schpreede, ß Geen fellt schweer,
d Aumn sijn ae nitt me immer daß Goanze,
un uff jeder Hochchzt kunnte nitt me gedannze,
de waert schliißlich oold, ß Gedächdnißß krijjet Schpringe,
jou, ß kummn nachch annere unaangeneeme Dinge.
De dännket mett Weemuud an daß Värrgenne,
awwer ß Laemn äßß ainfach immer nachch scheene.
Wänne ruußgukkd zum Faenßder un d Schneeklekkchn blien,
wänne Baime im Hoobe im Blietnklaid schteen
un äwwer oalln do lachcht nachch d liiwe Sunne,
de Liimn, do äßß daß Laemn dachch ae enne Wonne!

Wänn de eß nachch kunnt, raißd inne Waellt,
dr Härrgott hätt oalleß sa scheene beschtallt.
Faart ruff inne Baerje odder rußß anne See,
geniißd d Wärme, daß Woaßßer, daen Schnee,
eß triibet uchch kerr, jeddzt haad de dachch Ziit,
d Waellt äßß sa härrlich un sa unändlich wiid,
faart ae mool ruuß ußßem aijenen Lanne,
ae do gidd eß Männschn vunn uurem Schtamme.
Un wänn de dann bruune vunner lachchndn Sunne,
de Liimn, do äßß daß Laemn dachch ae enne Wonne!

Lääd uure Hänge nitt goanz in daen Schooß,
in veeln Dingn sijt de dachch goanz krooß,

94

an Laemnßärrfaarunk sijt de dachch nitt schlaechd,
kunnt guude Rootschläge veeln gegae ae ze raecht.
Befaßßt uchch mett Dingn, dii Fraide uchch machchn,
d beßßde Meddeziin äßß immer nachch: Lachchn.
D Waellt dreet sich witter, eß schiint, immer schnaeller,
dachch ennz äßß gewißß, ae d Jugend wärrd aelder.
ß gidd ainfach nischt Schenndereß unger daer Sunne,
de Liimn, daß Laemn äßß dachch ae enne Wonne.

Drimme naemet uchch minne Worrte jeddzt mool z Haerzn:
Froosinn un Humor värrtriimn oalle Schmärzn.
Mett lachchndn Aumn inne Waellt rinn z gukkn
äßß beßßer oalz Billn un Drobpn z schlukkn.
Un ußßerdaem koßßdet daß Lachchn kenn Gaelld,
ß äßß koßßdnlooß äwweroall uff dr Waellt.
Aebb Orme, aebb Richche, aebb vumm Schtamme geboorn:
Dißß sinn minn gollnn Reegln färr oalle Sennjoorn!

Enn harter Kampf in Uuder

1. Wail me Oßßn woll in Uuder kaum nachch sitt
un dofeer ß hidde Giile un ae Audtoß gidd,
do koomß zum Schtriide do mool harrt un bitter,
aebb se nunn sinn Giile- odder Oßßnritter.
Dodräbber mußß ich ainfach uchch berichchde,
woaßß domoolz worr in idersch Geschichchde,
un woaßß daer Schtriid gebroocht färr disse Lidde,
aebb se nachch Oßßnritter sinn geblämmn biß hidde.

2. Bliddz, Dunnderwaetter, Deijwel un Gewitter,
worimme saen se daenn blooß Oßßnritter
färr oalle Lidde, dii in Uuder sinn?
Woaßß hätt daen disser Noame blooß färrn Sinn?

Dr Märtn Wiinrich hätt das ainzd belichchdet
un ae in veeln Värrsn hebbsch gedichchdet.
Daer Schullze wullte domoolz Ritter sij,
do mutte rann daß liiwe Oßßnvii.

3.   Dißß worr woll domoolz, saen jeddzt veele Lidde,
wail sich gedreet daß oole Billd färr hidde.
Daenn uff Giiln riidn me blooß nachch rimme, jo
un zu Giilerittern sunn se unz jeddzt schloo.
Dachch dißß machcht d Regiirunk nitt vunn oomn.
Do koomn d Schebpn schnaelle aangeschtoomn
mett daem Schullzn; un vunn Wuut goanz vull
se schimmtn rimme un fuchchdeltn wii dull.

4.   Sa hullz Gerichchd Gerichchd woll uffm Wässn
un ooß dobij ne Mänge gaele Häßßn. (Meern)
Hooch oomne uff daer wunnerscheenen Sichchd
sooß in Gedannkn diif värrloorn daß Gerichchd.
Daer Schullze mett sirr krooßn kaaln Plattn,
daer hotte se woll oalle uff dr Lattn,
schprooch: „Heert! Eß sunn no uurooln Riitn,
mool d Giile gaejen d Oßßn ennmool schtriidn.

5.   Am Moondaggmorjen worrn se oalle dranne,
hooch oomne uffn Aichn, glichch im Lanne.
Daer Lanntraat, daer schtunn uffm Woaßßerhußß,
wo enn Durrm nachch druff un gukkte do ae rußß.
Vunn hii haer sooßn dann uff eern Oßßn
d Buurn druff un ae uff eern Zoßßn,
vunn durrte haer, do sinn d Buurnjungn,
dii oalle schwinge sunn dann eere dikkn Rungn.

6.   Nunn rief zum Schtriid mett krooßm Tra, Tra, Tra
d oole Fijerweertrommbeetn. Im Hurra
gungß abber looß, d Giile im Kallopp:
d Schwännze hooch un hobb, hobb, hopp, hopp, hopp.

D Buurn, dii ae uff daen Oßßn siddzn,
dii kiddzeln se in eere Waichnschpiddzn,
sodaß d Oßßn illmisch, wutentbrannt
in krooßer Schtuurhait koomn aangerannt.

7.   D Giilebuurn kreeltn luude: „Schnaelle,
schloot mett daer Rungn d Oßßn uff dii Faelle,
daß mee zu Giilerittern waern geschlaan
un ändlich uffheert disser deddsche Oßßnwaan.
Schonn krachchdz uff Faelle, Keppe un ae Middzn,
d Buurn kreeln un d Giile schpriddzn.
Dachch do schetteln sich d Oßßn oalle blooß
eere Keppe un genn zum Gaejenaankriff looß.

8.   Mett schtummpn Herrnern un mett schtiifn Nakkn
d Giile see woll inne Flannkn bakkn.
Mett schtuurer Oort, meet Kraffd un vuller Wuchchd
schloon see d Krakkn oalle schnaelle inne Fluchcht.
„Nitt dood wunn me mett ennm Rungngewitter,
jeddzt schloo dii goanzn Oßßnritter,
blooß rißße rapp vunn eerm Oßßnsiddz.
Ritt hänn, Gehanneß, schprichchß daem Oßßnfriddz.“

9.   Ne goanze hallwe Schtunne worr värrbij,
dachch kunnte me nachch kennen Siiger sij.
D Rungn noo vorn, d Giile raakn looß
mett oaller Krafft zum oallerleddzdn Schtooß.
D Krakkn bläätn luude uff d Niißdern,
d Oßßn abber fungn aan ze biißdern
un doochtn: "Kummt!“ Mett unsem Kopp un Horrn
do naemn me uchch schonn schnaelle uffeß Korn!“

10. Dr Giilemärtn wullt aemne kraade
daem Oßßnfriddz mool schtrakkß inne Baraade.
Dachch Friddz sinn Oßße daer kennt kennen Schpaaß,
haer rännt uff Märtenz Guul mett vullem Gaaß.

Boort daem d Herrner woll in sinne Flannkn,
daem Guul worrt knapp d Lufft, haer koom innz Wannkn,
haer schmeßß daen Märtn runger un innen Draekk,
schprung furrt un reßß nachch zwaije dobij waegg.

11. Dißß soggn nunn ae oalle annern Oßßn,
dii jeddzt värr Wuut mett eern Herrnerschproßßn
dii Giile kreffn maechdich fronndaal an,
daß disse schtärzdn oalle mettm Mann.
Do gobbß nunn Lufft un oalle Krakkn fliddzn
un schmeßßn runger dii, dii druffe siddzn,
d Buurn, dii in krooßer Angßd un Noot,
getraedn worrtn boole muusedood.

12. In oalle Winne floon nunn d Giile,
daß gobb enn luudeß Krischn un Gehiile
un Märtenz Guul, mett sinnem Schlotterknij,
värrschtukkde sich woll hinger Frauw Soffi.
Daer Draekk flogg hooch, woll ann drij veer Meeter;
uffm Guule sooß blooß nachch daer Buure Beeter,
daer schnaell geränn in sinn Faelld vull Kool
un kreelte luude: „De kunnt mich oalle mool!"

13. Do koom daer Lanntraat sachchde aangebuußdet,
hotte kaum nachch Lufft un hätt dobij gehuußdet.
Glichch wulln daenn d Oßßn uff een druff,
haer abber winkte ab un schprooch sodann: „Baßßd uff!
Värrloorn hann hidde hii dii Giileritter,
gewunn hann dii schtrammn Oßßnritter!
Hurra! Hurra! Ich sae uchch, ß äßß sawiit,
dee bliiwet Oßßnritter hii, färr oalle Ziit!"

14. Do schluugn oalle Oßßn mett eern Schwännzn,
daen Oßßnritterß Frauwn Aumn klännzn
värr Fraide un eer guuder Sunndaggßrokk
goanz waellich nunn im Summerwinne flogg.

Aebb Raen, aebb Sunnenschiin odder aebb Gewitter,
eß sinn un bliimn hii oalle Oßßnritter,
dii in Uuder laemn odder eere Woonunk hann,
aebb Kinnd, aebb Keegl odder Frauw un Mann!

15. Der Refrain dazu lautet: Idersche Naechte sinn lang,
idersche Naechte sinn lang. Eeßt fangn se goanz langsam
ann, abber dann genn se rann.

Hinweis:

Der Text kann nach dem Lied *Kreuzberger Nächte* gesungen wer-
den. Der Refrain hat folgenden Text:

Idersche Naechte sinn lang, idersche Naechte sinn lang. Eeßt
fangn se goanz langsam ann, abber dann genn se rann.

In dousend Joorn

Quelle: Otto Reutter
Text in Mundart: Gehanneß vumm Lipßbaerje 04/23

1. Wänn me sich hidde unse Waellt mool so besitt,
do kritt me ne Gennsehuut im saelmn Aumnplikk.
Wii sich dr Männsch värrmeert, daß mußßme mool bedänke,
wänn eß so witter gett, gettz äbber Disch un Bänke.
Zum Woonn wärrd daß bißßjen Aerdn klain wii nii.
Oach Kinndr, wii wärrdz woll in dousend Joorn sij?

2. In dousend Joorn äßß unse Waellt geschtoppet vull,
do waiß kenn Männsche mee wohänn haer traede sull.
Do härrscht Getrännge, äbberfullt sinn oalle Raime,
d Hellfde klaettert naachtz zum Schloofn schonn uff Baime.
Un fing ich do kenn Pladdz me oalz beschaidner Mann,
schloo ich n Hookn inne Woannd un hannk mich drann.

3. In dousend Joorn hätt sich unse Lanndwärrtschafft
goanz annerßwo daenn krooße Faellder aangeschafft.
Zum Woonn äßß daß bißßjen Aerdn krait veel z änge,
se flannzn Rungschn uffm Moond in krooßer Mänge.
Un glichch vorne inner Mällchschtrooßn Nummer drij
hätt Bimmel Bolle enne krooße Mollkerij.

4. In dousend Joorn feert kenn Männsch im Audto mee,
do gondeln oalle nuur nachch därch d Lufft, juchhee.
Enn jeder hätt n Zeppeliin drhaime lääne,
domeet flieget d Famillje, oh wii scheene.
Un machcht d Oolsche mool Krawall im dinnem Hußß,
giddz wellche ann Brobäller un dann fliegt se rußß.

5. In dousend Joorn bruchchn d Lidde kaum nachch Zigg,
daenn Schtoffe, so wii hidde, kennn se ainfachch nitt.
Zilinder träät daer faine Mann un Boadehoosn,
d Frauw hänngt sich värrn Buchch ne scheene roode Roosn.
Un genn dann baide innz Deaatr, trabb, trabb, trabb,
gaenn se am Innganng eere Gadderoobe oab.

6. In dousend Joorn äßß me laengßd ußß oaller Noot,
do schtärbet kenn Männsche me, do lachcht me sich blooß dood.
Niinhunndert Joore Oole rauchn nachch uff Lunge,
bißd du fimfhunndert, bißde nachch n dummer Junge.
Mett fuffzich häßßte n Kinndrgoortn hinger dich ae schoon,
un bißde hunndert Joore, geßßde zur Kommijoon.

7. In dousend Joorn schprichcht kenn Männsch in
Muuloort mee,
do sinnt beschtimmt ae Diddsch un Dännglisch furrt, paßßee.
Wänn sich d Maechen dann mett Junkß zum Schmuusn traeffn,
do machchn seeß dann woll genauso wii d Affn.
Ich liiwe dich, minn Haerz daß schledd j nuur färr dich,
daß kunnse nitt gesae, dißß äßß dachch firchterlich.

8. In dousend Joorn lachchn sich d Lidde krank,
wänn se heern daß Liidchn, daß ich soaemn sang.
Enn Profaeßßer schprichcht un lachcht dobij goanz graemlich,
woaßß worrn friejer dachch d Lidde maechdich daemlich.
Wänn me bedänket wiiß eß uußsitt runnerumm,
mee sinn in dousend Joorn nachch genauso dumm,
mee sinn in dousend Joorn nachch genauso dumm!

Mee singn plaad

Mel: Heute kann es regnen (ein Geburtstagslied)
Text. Christel Kinzel

1. Inner Schuule laernt me ne goanze Hukkn Kraam,
woaßß me dann im Laemn offd nitt gebruchche kann.
Woaßß friejer worr, värrgißßd me, daß zeelt jeddzt nitt mee.
Daer Schprooche vunn daen Ooln saetn se ade,
uff Muuloort nachch z schtorjen, das äßß laengßd baßßee.

2. Oanderwaertz do sinn se schtollz uff eern Saunt.
Mett *BAB* un kellschn Krubpn sinn oalle guud gelaunt,
mett *DJ Ötzi* langn se mettm Trekker Reesi oab,
vunn *Gabalier* d Liider genn in Haerz un Kopp.
Do sitt me, Muuloort schtorjen äßß kenn ooler Zopp.

3. Wänn inn unsen Därfern ae nitt glichch geschtorjet wärrd,
äßß Muuloort troddzdaem richdich un ae nitt värrkeert.
Daenn unse ooleß Aikßfaelld bläbb immer troij un junk,
sodaß zu oalln Ziidn eß nitt ungergung,
un ae mett unz behellt nachch witter sinnen Schwunnk.

Refrain: Mee singn hii jeddzt mool plaad mool hooch,
wie deutsch und denglisch noch und noch.
Jeddzt plaad z singn, daß wärrd dachch geen,
haad deeß gemachchd, dann worrß ae scheen!

Hidde nachch uff Plaad z schtorjn

Mel: Ach, dann kann man laufen lernen
Text: Gehanneß vumm Lipßbaerje 01/2023

1. Wänn ich sa an friejer dännke, dännke ich dodrann,
wii me domoolz mettnnannder sa geschtorjet hann.
Plaad z schtorjn kunnte jeder, das hotten oalle druff.
Hidde nachch uff Plaad z schtorjn äßß j wii enn Bluff,
hidde nachch uff Plaad z schtorjn äßß j wii enn Bluff.

2. Plaad geschwaddzt hann oalle Minndr drhaim un uffm Faelle,
nuur inner Schuule färr d Kinndr sullte dißß nitt gaelle.
Do huußeß: Dee sullt jo woaßß waere, baßßd dorimme uff!
Hidde nachch uff Plaad z schtorjn äßß j wii enn Bluff,
hidde nachch uff Plaad z schtorjn äßß j wii enn Bluff.

3. Hidde laufn oalle Lidde mett eerm Hänndi rimme, hann
kenne Ziit mee färr enn Schwaeddzjn, dißß äßß jo daß Schlimme.
Se dibpn eere Iimäälz dauernd in Dännglisch nuur nachch druff.
Hidde nachch uff Plaad z schtorjn äßß j wii enn Bluff,
hidde nachch uff Plaad z schtorjn äßß j wii enn Bluff.

4. Schtellt uchch veer enn Schpelleoomnd, dee seeßet oalle doo,
uffennmool do sonn Hänndi klingelt: „Frauw, ich mußß uffß Kloo!
Häßßt du daen Schlißßl inner Kiipn? Ich krijje d Deer nitt uff!"
Do äßßeß dachch, uff Plaad z schtorjn, äwwerhaupt kenn Bluff,
Do äßßeß dachch, uff Plaad z schtorjn, äwwerhaupt kenn Bluff,

5. Odder enner freeget dich: „Haben Sie meinen Hund geseh'n?"
un du schprichchßd: „Daer Keetr aemn worr därre un nitt scheen.",
do wärrßde sij wii disser Mann pleddzlich laebet uff!
Do äßßeß dachch, uff Plaad z schtorjn, äwwerhaupt kenn Bluff,
Do äßßeß dachch, uff Plaad z schtorjn, äwwerhaupt kenn Bluff,

6. Soloange eß nachch Lidde gidd, dii Plaad nachch kunnn geschtorje,
soloange machchtn Kopp uchch woarme un traat dofeer ae Sorje,
daß uuer Plaad drhaim geschwaddzt un heert domeet nitt uff!
Hidde nachch uff Plaad z schtorjn äßß äwwerhaupt kenn Bluff,
hidde nachch uff Plaad z schtorjn äßß äwwerhaupt kenn Bluff!

Aikßfaelld, Haimat

Mel: My Bonnie is over the ocean
Text: Christel Kinzel

1. Daß Aikßfaelld, daß äßß wii ne Mudter,
eß nimmet dich liib in daen Orm,
un bißde wiid waegg un dännkßd haimwaertz,
dann wärrdz dich im Haerzn goanz woarm.

2. Do eß dachch d Waellt nachch in Ordnunk
un wunnerbaar eß d Natuur
un sunndaggß do ruufn d Klokkn,
erinnern: „Männsch, gee in d Schpuur!"

3. D Lidde dii schtorjn hii Muuloort,
so guud wii eß jeder nachch kann
un äßß ae ne annere Ziid jeddzt,
daß Aikßfaelld, daß hellt unz zesammn!

4. Im Aikßfaelle bänn ich dahaime,
minne Worzln, dii schtikkn hii feßßd,
hii wäll ich mich fraije un laewe,
soloange daer Härrgott mich leßßd.

Refrain: Aikßfaelld, Haimat,
dich hätt daer Härrgott sunndaggß gemachchd.
Aikßfaelld, Haimat,
färr dich schledd minn Haerz Daag un Naacht!

Enn ooleß Hoddznliid [16]

Hotze, Hotze fohre,
de Maichen kosten enn Toler,
de Jungen kosten enn Tübendrack,
schmiss se äbber de Werro wack.

Wer jedoch Jungen hat, kann sie wie folgt in den Schlaf wiegen:

Hotze, Hotze fohre,
de Maichen kosten enn Toler,
de Jungen kosten kenn Tübendrack
unn me schmissen se ä nitt äbber de Werro wack.

Min Lengenfald

Dort, wö minne Hotzen stund,
Min Mutter in dahn Schlof mich sung,
Dort, wö äs gett zum Heidenklüs,
Do stett min Aohnen ehre Hüs.
Kenn schenner Platz gitt's uff dar Walt,
Als min liebes Lengenfald,

Wö ich benn d'rhäim.
Wö Klüs un Kritz am Waage stenn,
De Frieda därch daos Derf fleeßt henn
Darch Täler, Schluchten, Fald un Räin
Do benn ich d'rhäim.
Do äs min liebes Lengenfald,

---

[16] Freundliche Übermittlung durch Frau Anneliese Blacha, geb. Richwien, Lengenfeld/Stein.

Dort, wö de größen Wälder sinn
Mät veelen Tann' un Buchen drinn,
Do, wö äs Trift un Barge gitt
Un wö de Heimatglocken lütt,
Do benn ich d'rhäim.
Do äs min liebes Lengenfald,

Loß annre 'rühnm un mäinen,
Ich tüsche dach met kainem;
Denn min liebes Lengenfald
Äs dach dar schennste Platz dar Walt,
Un ich blieb d'rhäim,.
Im schenen Lengenfald.

Wann minne Toge sinn verbie,
Un ich uff unsem Kärchhoob lie,
Un ässes ä nur enn kläines Eck,
Wö mich de Haimatarde deckt,
Äs immer nach min Lengenfald
Dar schennste Platz dar Walt.[17]

---

[17] Nach der Originalfassung von Heinrich Richwien (1897–1967).

Daer Lutteraner Kärmeßßgesank

Mel.: Überlieferung
Text: Str. 2-4 nach Albert Hey; Str. 1, 5 Gehanneß vumm Lipßbaerje

1. Wänn d Kärmeßße wärrd uußgekraamn, do saen se:
Gottzaidank, jeddzt gettz daer Flaschn an daen Kraagn,
mett unsem Kärmeßßgesank!
Kärmeßße, Kärmeßße, Kärmeßß äßß hidde, guud Aeßßn
un Trinnkn färr oalle Lidde. Dorimme schännket inn, Beer
un Schnappß un Wiin.

2. Unse gaele Huun äßß waegg, waer hätt eß daenn ge-
sijn, eß sullte färr nenn guudn Zwaekk inn daß Dibpn rinn.
Kärmeßße ...

3. Wo äßß blooß vumm Schullzn hänn daer Hunnt, daer
worr sonn scheeneß Vii. Wail Hunneballjunk äßß sa gesunnt,
gobb haer ne scheene Brij.
Kärmeßße ...

4. Un äßß d Kärmeßße dann värrbij, do sinn se oalle
krank vumm Fraeßßn un Suffn wii sonnßt nii, jedeß Joor
veer Daage lank.
Kärmeßße ...

5. Zeleddzde kummn se nachchmool inne Hiddze, wän-
ne Kärmeßße wärrd värrkraamn oomne dann bijm wißßn
Kizze un witter gett daß Laemn.
Kärmeßße

Die alte Dorflinde

1. Vor meinem Vaterhaus stand einst die Linde,
Vor meinem Vaterhaus, im Luttertal,
Ihr Stamm, der war kaum mehr als Rinde,
Nun musste sie sterben nach ihrer Qual.

2. Sie fiel, nachdem verblasst das Morgenrot,
Nach einem langen, langen Leben,
All das, was sie den Menschen bot,
Das wird es sicher nimmer geben.

3. Generationen haben sie geschaut,
Sie war des Dorfes Mittelpunkt,
Mit ihr, da war man so vertraut,
Von ihr, da sprachen Alt und Jung.

4. Unter ihrem Dache spielten Kinderscharen,
Wann immer Schulpausen sie genossen,
So wie ihre Ahnen, als die selbst Kinder waren,
In all den Jahren, die verflossen.

5. Auch ich wuchs auf in ihrem Schatten,
Ich hörte ihre Blätter rauschen,
Genoss den Duft ihrer Blütenmatten,
Konnte dem Lied des Buchfinks lauschen.

6. Ich sah, wenn grelle Blitze zuckten
Und der Sturm die Krone wiegte,
Ich konnte oft aus dem Fenster gucken,
Wenn frohes Leben dort sich regte.

7. Zum Plauschen und zu frohem Sang
Bot die Linde das allerschönste Plätzchen,
Dicht am Stamme die Milchbank stand,
So mancher traf gar hier sein Schätzchen.

8. Wenn der Herbst ihre Blätter reichlich zierte
Mit bunten Farben übervoll,
Wenn Schneeflocken sie ganz sanft berührten,
Wenn aus ihr erneut das Leben quoll.

9. Am Fronleichnamsfeste bot sie gar
Ihr Blätterdach als Baldachin,
War schönster Schmuck für den Altar,
Wo Frommer Augen schauten hin.

10. Nun ist die Linde schon gefallen,
Ihr Leben konnte nicht länger dauern,
Doch bleibt in Erinnerung sie allen,
Die sie sahen und nun trauern.

11. Vor meinem Vaterhaus stand einst die Linde,
Vor meinem Vaterhaus, im Luttertal,
Ihr Stamm, der trotzt nicht mehr dem Winde,
Nun musste sie sterben nach ihrer Qual.[18]

---

[18] Die Linde stand etwa 250 Jahre im Zentrum von Lutter unterhalb von Kirche, Schule und Schwesternhaus mit Kindergarten. Sie wurde am 4. März 2023 im Rahmen der grundhaften Sanierung der Hauptstrasse gefällt. Das Gedicht kann mit Einschränkung auch nach dem bekannten Lied von Robert Stolz gesungen werden (nur die ersten vier Zeilen mit Wiederholung der beiden letzten Zeilen).

Quellenverzeichnis

Blacha, Anneliese, Ferna
   Tante Jule sinne Katzen; Dos Hochstenbild.

Bode, Josef, Heiligenstadt
   De 40 Johre Geschichte im DDR-Sozialismus!

Golland, Elmar, Heiligenstadt
   Eichsfeld-Jahrbuch 2006, Zur Geschichte des Vereins für
   Eichsfeldische Heimatkunde (1906–1943), S. 40, 50.

Hartmann, Maria, Gernrode
   Min Opa; Goldene Regeln für Rentner.

Hentrich, Konrad
   *Die Mundarten des thüringischen Eichsfeldes und ihre Bedeutung
   für die Besiedlungsfrage, 1934,* Verlag Aloys Mecke, Duderstadt.

Jäger, Bernd
   Meine Mundart, 1925, Verlag Cordier, Heiligenstadt.

Kanngießer, Heinrich, Uder
   Enn Striet in Uder, hart un bitter, ab Giele – orr nach Ossenritter.

Kinzel, Christel, Steinbach
   Eichsfald, Heimoat; Miee singn platt.

Kley, Gerd, Dr., Kammerforst
   Amtsblatt der Verwaltungsgemeinschaft „Unstrut-Hainich",
   2017, Jahrgang 25, Nr. 14, S. 18–22.

Klingebiel, Monika, Steinbach
   Da Babst war do.

Lipßbaerje, Gehanneß vumm
   Eichsfelder Mundart Wörterbuch, 2021, BoD, Norderstedt.
   Soolzschtangn, 2018, BoD, Norderstedt.

Löffelholz, Jakob, Heuthen
   Lachbollchen, Essen, Manuskript 1943 (Verlag Cordier, Heil-

bad Heiligenstadt); S. 2, 8, 12, 13, 19, 23, 24, 25, 26, 35, 36, 38, 39, 42, 46, 48, 49, 51, 55, 61, 63, 65, 69, 87, 98, 135.

Michaelsen, Heinrich

Vom Werden der Deutschen Sprache, 1949, Klasing-Verlag, Biele-feld, Hannover, Detmold.

Opfermann, Bernhard, Struth
Gestalten des Eichsfeldes, 2. erweiterte und bearbeitete Auf-lage 1999, Verlag F.W. Cordier Heiligenstadt.

Richwien, Adam, Lengenfeld/Stein
Kum häime!

Richwien, Heinrich, Lengenfeld/Stein
Min Lengenfald.

Rindermann, Franz, Mengelrode
Eichsfelder Heimatborn Band 4.

Stadtarchiv der Stadt Heilbad Heiligenstadt
Sterbeurkunde Nr. 73 vom 29. Mai 1911.

Unbekannt, (*vermittelt durch*)
Ein Gebet von 1864, (*Helmut Müller, Meckenheim*).
Enn aechter Eichsfaeller, (*Rita Roth, Uder*).
Die nuwe Waschmaschinen, (*Wolfgang Trümper, Göttingen*).
Ein Weihnachtsbrief, (*unbekannt*).

Wikipedia
Firlefanz, Kinkerlitzchen.